La guía de Unity para curación

Lecturas compiladas por
Connie Fillmore Bazzy

Unity Books
Unity Village, MO 64065
U.S.A.

La fotografía en la cubierta muestra el edificio de Silent Unity en Unity Village, Missouri. Siendo la oración su obra principal, Silent Unity siempre ha estado en el corazón del movimiento Unity. Su trabajo sagrado ha hecho que Silent Unity sea una fuente constante de curación espiritual.

Edición en español 1994
Traducido por el Departamento de Traducciones
de Unity School

Registrado como propiedad literaria © 1994 por
Unity School of Christianity

Diseño de la cubierta por Linda Gates
Fotografía en la cubierta por Gene King

Para recibir un catálogo de todas las publicaciones de Unity en español o hacer un pedido, escriban a nuestro Departamento de Traducciones, Unity School of Christianity, Unity Village, MO 64065, U.S.A.

Número de la tarjeta del catálogo de la Biblioteca del
Congreso: 93-61521
ISBN 0-87159-079-4
Canadá GST R132529033

Para Unity Books es un deber sagrado ser una presencia sanadora en el mundo. Al imprimir con tinta biodegradable de soya en papel reciclado, creemos que ponemos de nuestra parte para ser administradores sabios de los recursos de nuestro planeta Tierra.

Indice

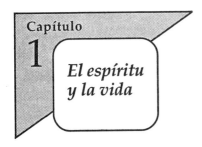

Capítulo

1

El espíritu y la vida

Toda nuestra felicidad, salud y poder surgen de Dios. Estos fluyen en una corriente ininterrumpida desde la fuente suprema al mismo centro de nuestro ser e irradian desde el centro a la circunferencia. Dios es la vida perfecta que fluye a través de nosotros, la substancia pura que forma nuestro organismo, el poder que nos motiva, la fortaleza que nos mantiene rectos y nos permite ejercitar nuestros miembros, la sabiduría que da inteligencia a toda célula de nuestro organismo y a todo pensamiento de nuestra mente. Dios es nuestra única realidad.

Dios no ejerce poder. Dios *es* en todo el poder presente y silencioso del cual el hombre genera su propio poder.

Dios no manifiesta inteligencia. Dios *es* ese discreto conocimiento en toda persona que, al ser reconocido, destella inteligencia.

Dios no es materia, ni de ningún modo está confinado a la idea de substancia que llaman materia. Dios es substancia, mas esto no quiere decir materia, porque la materia se forma mientras que Dios no tiene forma. Esta substancia que Dios es subyace en toda materia y forma. Es la base de toda forma, mas no entra en ninguna forma como finalidad. No se puede ver, oler o tocar.

La energía diferente a la materia

Dios es Espíritu, y Espíritu es la esencia misma del éter en donde vivimos, nos movemos y tenemos nuestro ser. El Espíritu es vida o substancia viviente que se considera independiente de la existencia corpórea; es la inteligencia aparte de toda organización o forma física. El Espíritu es la esencia, fuerza o energía vital distinta a la materia; es la parte inteligente, inmaterial e inmortal del hombre.

La vida es la actividad de Dios. Es principio, la fuerza animadora, la potencialidad omnipresente del vivir. Es un principio que se manifiesta en los seres vivos. Los sentidos no pueden analizar la vida. Ella está más allá de su dominio; por lo tanto, debe ser reconocida por el Espíritu. La vida no se deja llevar por el tiempo; no tiene principio ni fin. Sin embargo, la vida es esa fuerza universal e individual que se expresa en una forma y manera particular: el hombre. El Espíritu es todo. ¿Cómo puedes establecer un límite entre el Espíritu y lo material, cuando no hay evidencia de que Dios ha puesto tal límite? Vemos que el Espíritu se manifiesta en los centros de conciencia y en los órganos del cuerpo para expresar energía y substancia. Toda vida es divina y es la respiración de Dios. Toda vida es la manifestación de Dios y ésta varía de acuerdo con el grado en que Dios, el aliento de vida, surge a visibilidad a través de varias formas. El ser humano es la forma más completa y elevada de Dios que se manifiesta como vida.

Leemos que "en el principio" este algo misterioso, que no podemos ver, sentir o manejar, pero que se expone claramente como el "aliento de Dios", fue respirado en un hombre de barro y "fue el hombre un ser viviente". Dios creó un hombre espiritual perfecto en el principio. Seguramente tal hombre viviría en un cuerpo perfecto. La vida de todo ser es el "aliento de Dios" hoy, así como siempre lo ha sido. La vida nunca cambia, mas existe eternamente en todo hijo y toda hija de Dios. Ni el alma ni el cuerpo del hombre tienen vida de por sí. Ambos reciben vida continuamente del Espíritu que es Dios, que fluye en ellos.

Energía ilimitada y entusiasmo por la vida son inherentes en cada uno de nosotros, como lo demuestra la naturaleza de un niño.

Pocos de nosotros demostramos esa vitalidad a lo largo de nuestras vidas y, sin embargo, envidiamos y admiramos a aquellos que la tienen. La diferencia estriba no en la cantidad de energía que poseemos, sino en el modo en que la usamos. Aun la persona más cansada y apática tiene como un dínamo de energía escondido en la célula más pequeña de su cuerpo. Esa persona parece no tener energía al no usar la que tiene, no permite que esa vida (la vida de Dios en ella) se exprese. Si un niñito salta con energía, ¡así debemos hacerlo nosotros! La vida de Dios en nosotros es incambiable; no es diferente en un niño y un adulto. No hay razón para que perdamos la sensación de energía y entusiasmo ilimitados. Hay en nosotros un deseo fuerte y apremiante de vivir. Con cada respiración, afirmamos vida. Nada puede derrotar la vida en nosotros, porque ella es de Dios; no tiene principio ni fin; es libre, pura y perfecta; la apariencia de enfermedad no puede disminuirla. Es poderosa, perfecta, incesante, incambiable —y está en nosotros.

Dios es la salud de Su gente. La enfermedad no existe en Dios; El es la fuente de vida, salud y alegría. Su voluntad es que expresemos Su "imagen" y "semejanza", en las cuales fuimos creados. Nuestro deseo de ser saludable viene de Dios, y el Espíritu que hace la obra sanadora no está lejos de nosotros. La curación no depende de lo externo. Dios en nosotros es poderoso para vitalizar, renovar y sanar. Lo que no podemos hacer a través de nuestros esfuerzos y nuestra voluntad, Dios lo hace fácilmente y sin esfuerzo en y a través de nosotros. Por ser Dios salud perfecta en nosotros, ella está a nuestra disposición.

El deseo de perfección

Debido a que el hombre es un ser espiritual, él es siempre el foco de un poder espiritual que trabaja para manifestar vida con salud, armonía y abundancia perfectas. "A vuestro Padre le ha placido daros el reino." La vida de Dios influye siempre en la vida del hombre como salud y curación.

El estado de salud es una condición de perfección y plenitud. Las personas son creaciones hechas a la imagen de Dios, y la curación es la manifestación del Cristo natural y perfecto que existe en toda persona. La salud es el estado natural del hombre. La palabra *sanar* viene de la palabra latina *sanare*: aplicar medicinas, restaurar. Por lo tanto, una persona saludable es una persona restaurada, una que vive y funciona tal como su Creador deseó. La salud es fundamental en el Ser y ella es el derecho divino del hombre; es el estado ordenado de la existencia, y el hombre debe aprender a usar el conocimiento de esa verdad para sostener la conciencia de salud.

El poder sanador inherente

Encontramos que hay un principio omnipresente de salud que penetra todas las cosas vivientes. La salud, la verdadera salud, surge de nuestro interior y no tiene que ser manufacturada fuera de nosotros. La salud es la misma esencia del Ser y es tan universal y perdurable como Dios. Este espíritu de perfección es llamado el Espíritu Santo en el Nuevo Testamento. En la mitología clásica es llamado Higía (diosa griega de la salud). Los científicos modernos se refieren a él como el poder restaurador de la naturaleza. Ha sido reconocido tanto por el salvaje como por la persona civilizada en todo país y de toda edad. Tiene muchos nombres, y todos lo identifican como un impulso universal en el hombre hacia la perfección y hacia la continuación de esa perfección a pesar de toda fuerza que interfiera. Ningún método de curación puede crear nuevas células en el cuerpo de un organismo viviente; solamente las fuerzas creativas en el cuerpo pueden hacer eso. El organismo tiende a mantenerse a sí mismo si nada interfiere con él. Las fuerzas creadoras son autosuficientes. No necesitan ayuda. Sólo necesitan el removimiento de obstrucciones que impiden su acción natural. El propósito verdadero de los agentes sanadores es despejar el camino para las fuerzas innatas y creativas. No importa qué procedimiento se siga o cómo se emplee la ley sanadora, el objetivo es establecer perfección, esto es, hacer surgir la actividad perfecta de la fuerza de vida que renueva, reconstruye y sostiene el cuerpo. Sólo existe un poder sanador. El objetivo de la cirugía, los medicamentos o la oración es liberar el poder sanador inherente y restaurar el cuerpo a su condición normal de salud. Lo mismo da que se active la energía del principio de vida por meditación o por medicación.

La salud implica más vida. Las medicinas de por sí no pueden dar vida. Un viaje o un cambio de panorama, a lo cual se recurre a menudo como terapia en enfermedades de la mente o del cuerpo, no dará vida excepto que tiende a relajar la mente y el cuerpo tensos y rígidos, y a permitir que Dios fluya para llenar la carencia. No tenemos que suplicar a Dios. Abundante vida entra de inmediato en las mentes y cuerpos de las personas, como lo hace el aire en un vacío, en el momento en que ellas aprenden a soltar las tensiones conscientemente y se vuelven a Dios.

La vida energética interna

La curación de un cuerpo enfermo depende de la fuerza de vida en él. Algo puede hacerse por medios externos para ayudar y alentar este poder sanador en nosotros, pero esa ayuda por sí misma no puede sanar un cuerpo quebrantado y débil. Un cirujano puede componer un hueso roto, pero él debe depender de la fuerza de vida interna del cuerpo para unir las partes. Jesús no produjo la curación que demostró al mundo. La curación llega cuando el alma hace contacto con Dios. El Médico no concede salud, se une a nosotros para lograrla. Las leyes naturales que crean y sostienen el cuerpo son realmente leyes divinas, y cuando la persona pide la intervención de Dios para restaurar salud, ella llama las fuerzas naturales de su ser a la acción. Esas leyes son exactas y constantes; los resultados son infalibles si uno puede hacer conexión con las fuerzas naturales de vida y las deja trabajar. La ley de curación es un principio demostrable, tan efectivo hoy día como lo fue hace dos mil años en los tiempos de

Jesús. Se manifiesta para cada individuo de acuerdo con su conciencia. Detrás de toda mente personal está la Mente recreativa. La Mente-Dios no solamente puede restaurar y sanar, sino que puede establecernos en la conciencia de salud permanente.

Podemos ser aliviados de males corporales y aún no ser sanados. Una curación es más que el traer a un estado de sanidad y normalidad la piel, los huesos, los nervios y la sangre. La curación continúa aún después de restaurar el vigor del cuerpo característico de la juventud, cuando la vida era un disfrute de músculos coordinadores y funciones rítmicas, e incluso después de revitalizar el estado de libertad orgánica prevaleciente en la niñez.

Llegando a la fuente

Ser sanado es ser restaurado al estado original del ser. Sanados, viviremos en perfección. La curación es una relación sin fricción entre la vida y el ambiente; se encuentra donde se halla la vida: en Dios. La curación comienza donde comienza la vida: en Dios. Debemos ir a Dios para ser sanados. Si no podemos llegar a Dios, sólo podemos aliviar los síntomas temporalmente. No se logra curación verdadera sin volver a la Fuente.

La fuente de curación es la energía de vida reanimada en el cuerpo. Jesucristo sanó al revitalizar la energía de vida que existía ya en Sus estudiantes, pero que se había vuelto lenta e inutilizada por los pensamientos erróneos. Cuando rendimos culto a Dios a Su modo, somos vitalizados de inmediato; no hay otra manera de obtener vida real y permanente. Esta vida no está disponible en fuentes externas. La fuente de vida es energía espiritual. Se compone de ideas, y el hombre

7

puede usar su corriente al hacer contacto mental con ella. Podemos tener plenitud de vida al darnos cuenta de que vivimos en un mar de vida abundante, omnipresente y eterna, y no permitir que cualquier pensamiento que llegue a nuestra mente detenga la conciencia del fluir de la vida universal.

Preguntas de ayuda

1. "La vida es la actividad de Dios." Explica.
2. ¿Cómo es el hombre el aliento de Dios?
3. ¿Por qué es la salud el derecho de nacimiento divino del hombre?
4. ¿Cuál es el principio omnipresente de salud que penetra todas las cosas?
5. ¿Cuál es el propósito verdadero de los agentes sanadores?
6. ¿Cómo hace contacto el hombre con la fuente de curación?

Notas personales

El gran sanador

Jesús reveló el ejemplo divino del cuerpo como un don del Padre, una creación perfecta y glorificadora, eterna en la Mente.

Para El, el cuerpo físico nunca fue el verdadero, porque vio más allá de él la idea permanente y espiritual que existe en la conciencia infinita. Si no lo hubiera reconocido así, nunca hubiera podido demostrar Su poder sobre él al vencer la muerte. En la Resurrección, El llevó a cabo la semejanza divina del hombre como la concibió el Padre.

En el idioma inglés, la palabra *santo* tiene la misma raíz que la palabra *sanar*. La santidad y la salud comparten un mismo significado en su raíz: un estado de perfección. En el sistema de Cristo, la santidad y la salud se unen. La santidad es el estado espiritual interno; la salud es el resultado, la manifestación de las ideas de Cristo en pensamiento, palabra y acción. La historia de la resurrección de Jesús declara claramente que fue Su voluntad asumir el cuerpo natural reconocido por Sus amigos. Para ellos, El aún debía llevar la imagen de lo terrenal, porque ellos todavía no podían discernir Su imagen celestial. El cristianismo no indica que el hombre espiritual existe sin cuerpo, sino que su cuerpo no está circunscrito por las limitaciones superpuestas por la conciencia. Nos enseña que no entramos al reino del cielo por la puerta de la muerte, sino sobre la muralla de las creencias mortales limitadas y que el reino espiritual no es un lugar diferente, sino una condición diferente.

El deseo de vivir

Los sanadores individuales no son los que avivan y sanan. El deseo del corazón humano no es lo que hace que la vida fluya más libremente a través del organismo. No es lo que creemos que sea el cristianismo lo que nos lleva a las corrientes vivificadoras y sanadoras de la vida de Cristo. Lo que nos lleva a ellas es el avivamiento en nosotros del mismo Espíritu de Cristo que estuvo y está en Jesucristo —el Espíritu de Dios expresándose en el individuo como ideas divinas de la mente del Ser. Es verdaderamente el deseo y esfuerzo del alma vivir en pensamientos y acciones diarios con el Espíritu de Cristo, ese mismo Espíritu que hizo a Jesús olvidarse de sí al hacer la buena y perfecta voluntad de Su Padre.

Creer en la ley espiritual, no pasivamente, sino activamente, es eliminar conceptos materiales erróneos y todo lo que es diferente a Dios. Dios y Su creación perfecta es todo lo que es: no hay nada más. Cuando comprendemos y aplicamos claramente los principios espirituales, no consideramos la curación del cuerpo y los asuntos como un acto sobrenatural, sino como un resultado natural. La curación es el proceso normal y ordenado de la vida en funcionamiento. La salud es natural, y la enfermedad es anormal. Jesús fue la expresión perfecta de la Mente divina. Por medio de Su mentalidad espiritualizada, el diseño perfecto de la Mente divina cobró vida en aquellos que fueron a El por ayuda. Al incitar la energía de sus almas hasta tal grado que lo físico era absorbido por la vida sanadora, El capacitó al hombre perfecto a manifestarse. La intención de tal curación, la curación espiritual, no es obtener favores especiales de Dios o de ignorar la ley divina o natural. La curación espiritual es posible simplemente porque el hombre es un ser espiritual, y la salud es la condición normal del hombre.

Comunicándonos con la vida

Cuando Jesús efectuaba una curación no se preocupaba por los aspectos físicos de la enfermedad. El podía curar instantáneamente debido a Su habilidad de levantarse a las alturas de la conciencia del Cristo donde la enfermedad no existe. El podía percibir claramente la perfección del hombre e instantáneamente despojar de Su mente y de la mente del paciente todo lo que pareciera enfermedad. La infección no le preocupaba, aun cuando estaba en contacto con los que padecían de los efectos de la lepra. El no empleaba técnicas médicas como las que conocemos hoy día. No estudió con médicos, sino más bien se retiraba periódicamente al desierto, solo o con los apóstoles, para comulgar con Dios y desarrollar comprensión divina. El curaba por medio del poder de Dios que fluía a través de El; conocía la energía infinita y la fuerza de vida perfecta contenidas en cada hombre, y El sencillamente reclamaba esa vida, activándola y revitalizándola, de modo que la salud perfecta se manifestaba instantáneamente. La fisiología nos enseña que el cuerpo vive en el mismo grado en que las células viven, y que llevamos en nosotros muchas células muertas. Jesús sabía cómo avivar las células de Su organismo con nueva vida, y prometió que todos los que le siguieran harían lo mismo.

La presencia de Cristo

Jesucristo no es meramente un hombre divino que vivió hace muchos siglos y cuya vida y obras se consideran historia del pasado. El vive hoy; nos acompaña ahora. La irradiación del alma de Jesús fue tan poderosa que estimula aún a mayor logro y hace vibrar con nueva vida a todos los que entran en la esfera de su influencia. La presencia de Cristo en nuestras almas es el Gran Médico que tiene sabiduría y poder para sanar y ajustar en orden divino todas las funciones de nuestros cuerpos. Volviéndonos a Dios en nuestro interior, recibimos esa guía, seguridad y curación que anhelamos. En vez de pensar en el Señor como el Jesucristo personal que está en un cielo lejano, podemos empezar a pensar en el Señor como la Mente de Cristo que Dios nos ha dado y en Jesucristo como siempre presente en nuestra conciencia espiritual, la que estableció en la raza humana, de manera que podamos estar en contacto con El y edificar nuestras vidas según Su norma.

Los principios creativos de curación

Habíamos creído que íbamos a ser salvados por las oraciones y sacrificios personales que Jesús hizo por nosotros, pero ahora vemos que hemos de ser salvados al emplear los principios creativos que El desarrolló en El mismo, y que siempre está dispuesto a ayudarnos a desarrollar en nosotros. Las investigaciones recientes han encontrado que Sus métodos sanadores están fundamentados en leyes universales y espirituales que todos podemos utilizar al cumplir con sus condiciones. De este modo vemos que cuando Jesús dijo: "El que oye mi palabra...tiene vida eterna", quiso decir que debemos comprender las cualidades dadoras de vida de las palabras de Dios como Él las comprendió, que no debemos estar conscientes de la muerte. Para llegar a esa comprensión de la palabra de vida debemos crear corrientes de energía en nuestros cuerpos como Jesús hizo en el Suyo. Aunque muchos dudan por ahora de la habilidad de la mente de saber conscientemente cómo la substancia relativa se forma, hay aquellos que han hecho contacto con los procesos del pensamiento y pueden aplicarlos para transformar las células y los tejidos de sus cuerpos. Hoy día hay en el mundo personas que han seguido la enseñanza de Jesús y desarrollado en sus cuerpos una superenergía que penetra la estructura física. El Espíritu revela que el pensamiento espiritual abre fuertemente las células y átomos aprisionados, liberando la vida que se originó en la Mente Divina. Jesús desarrolló ese proceso hasta tal punto que todo su cuerpo fue transformado y llegó a ser parte consciente de la vida e inteligencia del Padre. El cuerpo y la sangre de Jesús fueron purificados, y cada célula recibió energía de la substancia y la vida espiritual originales hasta que toda materialidad fue purificada, y permaneció solamente la esencia pura. Esta esencia de vida y substancia fue sembrada como semilla en la conciencia de la raza, y cualquiera que atrae para sí una de estas semillas por medio de la fe en Cristo llega a imbuirse con la cualidad de Jesucristo, y no sólo renueva su mente, sino también su cuerpo.

Dios ama al hombre espiritual, y ese amor se expresa de acuerdo con ley exacta; no es emocional o variable, ni hay la menor parcialidad en él. Somos principalmente seres espirituales, expresiones de Su perfección. Cuando pensamos y actuamos en la conciencia de perfección y amor, no podemos menos que estar receptivos al influjo del amor de Dios y al cumplimiento de Su propósito divino mismo.

La materia por sí misma no existe; parece existir debido a nuestra visión limitada en el presente —el movimiento inconstante del pensamiento que no está basado en el discernimiento espiritual de las verdades eternas. No somos lo que aparentamos ser. Somos espíritu, del Espíritu de Dios, perfectos intrínsecamente en la perfección de Dios. La resurrección de Jesús probó concluyentemente que el hombre no es un ser material, sujeto a las leyes de la materia. El testimonio de los sentidos nos da la convicción de que el hombre es mortal y material, esclavo de las leyes físicas, pero la Resurrección refutó esa creencia mortal, la más establecida de todas las creencias humanas.

Jesús vio únicamente la perfección del cuerpo espiritual; El sabía que la idea de perfección forma el cuerpo material y que éste no existe por derecho propio. Si el concepto correcto del cuerpo verdadero existe en él, el cuerpo material logra la perfección. Consciente de que la carne corresponde exactamente al pensamiento, Jesús salvó su cuerpo de la corrupción y lo llevó a la zona celestial. Al seguir Su método, nosotros podemos hacer lo que El hizo.

En la infancia del desarrollo espiritual del hombre, él puede encontrar que varios métodos de curación físicos y mentales son útiles e importantes para él, pero el objetivo final es: "Sed, pues, vosotros perfectos, como vuestro Padre que está en los cielos es perfecto". Lo esencial no es tener fe suficiente para orar por curación por medios espirituales. Lo esencial es *ser* perfectos y vivir en esa perfección continuamente. La curación es accesible a nosotros a través del Cristo de nuestro ser. Ser curado por un profesional es ser curado en proporción al grado de conocimientos del profesional. Ser curado a través del Cristo es ser curado en la medida de nuestra comprensión del Cristo: "Yo y el Padre uno somos". Nunca nos separamos del Gran Médico, y ninguna condición es incurable. Todo puede ser curado y perfeccionado —no sólo temporal, sino eternamente.

Preguntas de ayuda

1. Explica cómo se relacionan la santidad y la curación.
2. ¿Cuándo es que la curación del cuerpo y los asuntos se vuelve un resultado natural en vez de un acto sobrenatural?
3. ¿Cómo cobra vida en nosotros Jesucristo?
4. ¿Cómo pueden utilizar los individuos los principios sanadores del Cristo?
5. "El hombre es primordialmente un ser espiritual —la expresión de la perfección de Dios." Explica.
6. ¿Cuál es el objetivo fundamental del hombre en la curación espiritual?

Notas personales

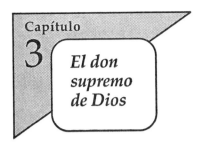

Capítulo 3
El don supremo de Dios

El nombre más representativo del Ser es Jehová Dios. Jehová representa el YO SOY individual y Dios, el principio universal. Cuando el hombre piensa o dice "Yo soy", da libertad potencialmente a una idea que como semilla contiene en su capacidad espiritual todo el Ser. El hombre natural en su limitada comprensión mental apenas toca las ideas que como semillas crecen hasta lograr el poder infinito en el hombre crístico. Mientras más vivimos y expandemos nuestro YO SOY más aparece en nosotros su capacidad original. Jesús comprendió que el YO SOY precedía toda manifestación, sin importar lo admirable que fuera, y era capaz de expresión infinita.

Las Sagradas Escrituras enseñan claramente que los hombres pueden llegar a ser dioses. Cuando el hombre se da cuenta de que "la muerte y la vida están en poder de la lengua" y empieza a usar y declarar sabiamente su "Yo soy", tiene la llave que abre las cámaras secretas de la existencia en el cielo y la Tierra. A medida que la mente incorpora las ideas de la Fuente divina, ella aumenta el área de su cerebro y ofrece mayor habilidad mental y espiritual a todo el hombre. Jesucristo nos ha mostrado la manera en que el hombre será transformado de carne y hueso a la gloria de la mente radiante.

La liberación de la energía espiritual

La energía disponible en nuestras mentes es ilimitada; sólo debemos aprender a conservarla y utilizarla correctamente. Cuando aprendamos a hacerlo, restauraremos fácilmente el cuerpo e iluminaremos la mente. Con todo pensamiento hay una irradiación de energía. Si una persona no ha adiestrado su pensamiento y permite que su mente exprese toda clase de pensamientos sin dominio, ella no solamente agota la substancia de su pensamiento, sino que no logra resultados útiles. El metafísico maneja la vida y substancia omnipresentes del Espíritu como el electricista maneja la electricidad. La energía está encerrada en toda vida y substancia, y su liberación permite al metafísico a utilizarla para demostrar salud. Cuando aprendemos a declarar "yo soy", con nuestros pensamientos centrados en el Espíritu, avivamos el fluir de la vida en el cuerpo y despertamos las células dormidas. Tales declaraciones aclaran las áreas congestionadas del organismo y restauran la circulación a su estado normal: salud. Cuando el hombre dirige el poder de las ideas elevadas a su cuerpo, él enaltece las células y libera su innata energía espiritual. La habilidad de recobrar la corriente de vida y a través de ella vitalizar el cuerpo perpetuamente se basa en la relación correcta de ideas, pensamientos y palabras. Esos impulsos mentales comienzan las corrientes de energía que forman y, además, estimulan las moléculas y células ya formadas, produciendo vida, fortaleza y animación donde la inercia e impotencia eran la apariencia dominante. Ese fue y es el método sanador de Jesús. Por la palabra que domina la manifestación, Jesucristo sanó y todavía sana los males físicos. Esa curación es Su ministerio temporal. Al abrir para nosotros el camino de regreso a Dios, Jesucristo nos sana espiritualmente. Esa curación es Su ministerio eterno. Después que la curación espiritual se haya logrado, no habrá necesidad de curación física. Después que el alma haya sido restaurada a la perfección, el cuerpo será restaurado a la sanidad.

La vida abundante

La vida es el regalo de Dios. La vida externa no es sino el desbordamiento de la vida interna, y la fuente de vida, por medio del Cristo en nuestro ser, alimenta esa vida interna. Dios da Su propia vida libremente a todos los que la pueden recibir. Los regalos de Dios son para todos por igual, pero tenemos que aprender a recibir libremente lo que El da, a estar receptivos al fluir de la vida divina a través del Cristo en nuestro ser, exactamente como estaríamos receptivos a los cálidos rayos del sol.

Jesús vino para que pudiéramos tener vida y la pudiéramos tener en abundancia. El vino a mostrarnos nuestra relación verdadera con la fuente de toda vida, y cómo obtener conscientemente de Dios vida más abundante según la necesitemos.

Esta vida abundante está presente siempre. Cuando la reconocemos y abrimos nuestra conciencia a ella, llega fluyendo a la mente y el cuerpo con su poder vivificador, y ellos son renovados y transformados. El regalo supremo de Dios es la vida misma, y avivamos esta vida al afirmar vida, al rehusar caer en actitudes mentales o rutinas de vida negativas y destructivas. Cuanto más energía usamos, tanto más energía es liberada en nosotros. Todos hemos tenido ocasiones cuando nos sentíamos llenos de energía, cuando nuestro trabajo parecía fluir suave y fácilmente, cuando parecía que hacíamos todo prontamente y sin demora, y aún nos sobraba entusiasmo y energía. Ese es nuestro estado natural, y por medio de una mayor comprensión de nuestro ser, podemos hacer que esa sensación de energía infalible sea un aspecto permanente en nuestras vidas.

La fuerza de vida en el cuerpo es invisible, constructiva e inteligente; aun la ciencia no puede explicarla. Esa fuerza silenciosa e invisible construye el cuerpo, lo mantiene restaurado, y lo hace funcionar ingeniosamente por medio de procesos que la personalidad que vive en él no tiene que comprender o dirigir. Por lo tanto, cada individuo es provisto con un cuerpo cuyas funciones y crecimiento son controlados por una inteligencia que está más allá de su comprensión. Sin embargo, cada individuo puede interrumpir el funcionamiento perfecto de las fuerzas de vida en su cuerpo al pensar y actuar en desacuerdo con la fuerza inteligente que dirige las funciones y el crecimiento automáticos. A esa fuerza inteligente también se le conoce como Dios, y Dios es principio —reglas de acción definidas, exactas e incambiables. Dios es Mente. La Mente desarrolla ideas y éstas se desarrollan de una manera ordenada. Las leyes de la mente son tan exactas y constantes como las de la matemática o de la música. El reconocimiento de eso es el punto inicial para encontrar a Dios. Tan pronto el hombre llegue a esa comprensión, puede empezar a seguir y mantener esas leyes más bien que trabajar en contra de ellas, y así demostrar salud perfecta. Cada persona usa el principio de vida de acuerdo con su conciencia, e invita salud o enfermedad. El individuo que es fuerte en el Señor (o la ley) de su ser no sucumbirá a los ataques adversos de microorganismos como sucede con la persona cuyas energías y recursos innatos son debilitados por el temor, el odio, los celos y otros factores destructivos en su experiencia.

El hablar y pensar vida

La persona está destinada a tener vida: no a existir meramente a medias por unos años y luego apagarse como una vela.

Los discípulos de Jesucristo han de ser luces que resplandecen y brillan con una corriente perpetua desde la única energía omnipresente. La conexión con esa corriente se ha de hacer a través de la mente mediante el establecimiento de energías que respondan a ella. La salud perfecta es natural, innata y puede expresarse por medio de la palabra. Nuestros males son el resultado de no haber ajustado nuestras mentes a la Mente Divina. Cuando se establece el estado mental correcto, el hombre se restaura a su perfección original y natural. Esto es enteramente un proceso mental y, por lo tanto, todas las condiciones del hombre son el resultado de su pensamiento. "Porque cual es su pensamiento en su corazón, tal es él." Tomar y recibir conscientemente de Dios es un proceso mental. La mente humana se cree, en el asunto de vida, aislada de Dios, un ser separado, apartado de Dios. Esa creencia no es correcta. La línea de comunicación entre el Creador y Sus creaciones nunca se interrumpe, el canal por donde fluye la vida divina nunca se cierra.

¿Necesitas curación? Dios está en ti como vida. La vida de Dios es la única vida, y ésta llena tu cuerpo y fluye en y a través de todas sus partes. No hay condición que esté más allá del poder de Dios para sanar; no hay enfermedad que resista Su vida sanadora.

La vida del cuerpo

El cuerpo, que se compone de la acción de pensamientos de vida, amor, substancia, poder e inteligencia, nunca es viejo.

La substancia que da al cuerpo su forma y lo nutre y sostiene es siempre nueva y responde a los pensamientos de vida que se inculcan en ella. El cuerpo se renueva completamente en menos de un año, y podemos renovarlo, reconstruirlo y cambiar su apariencia al cambiar nuestros pensamientos y hábitos de vida.

El hombre fue creado como tanto un ser físico como un ser espiritual, y se le dio dominio y poder para crear su cuerpo de acuerdo con sus imágenes mentales. "Dios es Espíritu." "¿No sabéis que sois templo de Dios, y que el Espíritu de Dios mora en vosotros?" Si Dios es Espíritu y vive en el cuerpo del hombre, ese cuerpo debe tener ciertos principios espirituales. Aquí la ciencia moderna acude al socorro del cristianismo primitivo, diciéndonos que los átomos que componen las células de nuestros cuerpos tienen dentro unidades eléctricas que, liberadas, pueden cambiar todo el carácter del organismo. Llevamos en las mentes nuestros cuerpos físicos como pensamiento, y el cuerpo refleja obedientemente toda actitud mental. Cuando en el curso de nuestra evolución discernimos que el sabio Creador debe haber diseñado perfección para toda Su creación y empezamos a afirmar esa perfección, entonces la transformación del cuerpo natural al espiritual comienza y la perfección se manifiesta.

Las religiones de todas las razas han enseñado esa

perfección del cuerpo, pero por lo general han dado por sentado que había de ser dada a los elegidos de Dios en algún lugar celestial después de la muerte. Ellas no han pensado que es posible que el cuerpo de carne con sus muchos defectos aparentes pueda ser transformado en un cuerpo ideal. Por consiguiente, el hombre ha puesto el sello de inferioridad a su cuerpo, y por medio del poder creativo del pensamiento ha establecido en la mente de la raza humana una conciencia de carne corruptible en vez de la inherente substancia incorruptible de la Mente de Dios. El hecho de que el cuerpo tiene elementos de vida que pueden ser liberados e incorporados en un cuerpo mucho más refinado, no ha sido comprendido por la mente de los sentidos, y se requirió una demostración física para convencer al hombre de que podía ser hecho. Jesús hizo esa demostración.

La gente no ha progresado mucho espiritualmente a través de los siglos porque se ha concentrado en imitar las acciones de Jesucristo en vez de imitar Sus palabras y pensamientos. No ha comprendido que la manifestación externa es el resultado, no la causa. Debemos acudir a ese reino interno de pensamiento por el poder transformador del hombre y su mundo. "Transformaos por medio de la renovación de vuestro entendimiento." La mente es el vínculo entre Dios y el hombre, y por medio de la comprensión correcta y el uso del poder del pensamiento es que el hombre puede manifestar perfección en su cuerpo y mundo. El hombre debe esforzarse por desarrollar su ser espiritual y no ocuparse demasiado del hombre personal. Las imperfecciones en el cuerpo pueden ocurrir solamente cuando la mente humana no coopera completamente con el hombre espiritual perfecto. La mente del individuo influye en su estado de salud. El desorden en cualquier parte del cuerpo indica una actitud mental errónea. El hombre y el universo se fundan en la mente y todos los cambios para el bien o el mal son cambios mentales. El universo material presente es un producto del pensamiento del hombre. El universo puede volver a un estado de perfección si el hombre cesa de identificarse con la materialidad y se conoce a sí mismo como Espíritu.

El cuerpo es el resultado de cómo un individuo se interpreta a sí mismo. El cuerpo es un archivo de los pensamientos del hombre y él puede expresar (aparecer como) cualquier clase de cuerpo que pueda concebir. Debemos abandonar los conceptos viejos y erróneos de que nuestro cuerpo es carne, limitado, corruptible —porque él es Espíritu. No hay separación entre el hombre espiritual y el personal, excepto lo que el hombre crea a través de su pensamiento. Si hacemos una separación en nuestra conciencia, tendremos algo que no sabremos cómo resolver. El cuerpo es el templo de Dios, su propósito es manifestar el Espíritu de Dios en la Tierra, y cl hombre no tiene el derecho de pensar otra cosa que no sea la perfección del cuerpo.

El cuerpo es como un niño: necesita impulso, entrenamiento, disciplina, alabanza y apreciación constantes. El cuerpo está equipado perfectamente para hacer el trabajo del Espíritu en la Tierra; sólo debes permitir que el Espíritu trabaje a través de ti. Mira tu pecho: él respira el mismo aliento de vida de Dios; Dios fluye a través de él para proveer todas tus necesidades. Mira tus piernas y pies: Dios los ha creado para capacitarte a andar sobre la tierra, a ir y venir libremente y hacer aquello que te da conocimiento práctico de la vida en este plano. Tu cabeza está en equilibrio maravillosamente, de modo que puedas mirar a tu alrededor y ver la belleza y luz de Dios manifestadas en Su creación en todas partes. El cuerpo es provisto para mantenerse en salud, curarse de enfermedades y permanecer juvenil al hacer frente triunfantemente a los factores que causan lo que llamamos "vejez". Muchos doctores han sostenido por mucho tiempo que toda enfermedad en la experiencia humana es causada por una congestión o estrangulación del fluir de las fuerzas de vida a través del cuerpo. La enfermedad, la debilidad y el deterioro tienen su origen en los efectos estranguladores del miedo, la preocupación y la tensión. Los estudios en el campo de la medicina indican clara e ineludiblemente la validez de la salud por medios espirituales, a través de una conciencia de la dimensión de vida espiritual libre de estrés.

La comprensión de la perfección

Si investigáramos todas las oraciones y esfuerzos mentales de los genios literarios, encontraríamos que se moldearon a través de trabajo mental firme. Así sucede con la curación. El darnos cuenta de la perfección tiene su raíz en el alma y puede surgir en un instante como salud perfecta. La expresión del libre fluir de la vida de Dios a través de nosotros se obstruye si nuestros pensamientos y acciones implican la creencia en un número limitado de años, en el acaparamiento de fuerza o substancia o provisión. Dios en nuestro interior es una gran y constante corriente de vida renovadora, purificadora y vitalizadora, y podemos usar esa vida si abrimos los canales de su fluir y tomamos de esa fuente.

Dios no nos aflige con enfermedad u otras formas de negación, ni siquiera para probar los poderes con los cuales nos ha dotado. Sin embargo, Dios nos ha dado el poder de elegir, y por medio de nuestros pensamientos, emociones, palabras o actos podemos escoger alguna forma de negación. El poder del Espíritu es superior al pensamiento, a la emoción, a la palabra o acción humanos; borra con facilidad los resultados de la equivocación humana. Depende de nosotros no atribuir mayor poder a nuestras faltas humanas que al poder de Dios, y no dejar que los errores gobiernen nuestras vidas.

En el amanecer de la creación, Dios estableció la ley, todo produce según su género. Hoy esa ley todavía está activa en todo aspecto de la tierra. "Todo lo que el hombre sembrare, eso también segará." Esa ley, como la palabra de Dios, es una espada de dos filos. Dado que la ley es inexorable, vigilamos su acción en el mundo de nuestro cuerpo, mente y asuntos. Vemos la relación entre los estados mentales y emocionales y las condiciones del cuerpo. El efecto dañino en el cuerpo de pensamientos y emociones destructivos sostenidos por mucho tiempo, que los inclinados a la metafísica han sospechado por mucho tiempo, es aceptado ahora por la ciencia médica.

Así como vemos la ley funcionar en maneras negativas, ella es enormemente poderosa para trabajar positivamente. La misma ley que hemos usado para llevarnos a un atolladero puede sacarnos de él tranquila y triunfantemente. La persona debe armonizarse con la ley, luego todas las dificultades desaparecerán; ella debe reemplazar el error con la Verdad.

Vida eterna y perfecta

Jesús mostró con Su vida y Sus enseñanzas que la voluntad de Dios para el hombre es gozar de buena salud. Es necesario que comprendamos eso claramente si deseamos demostrar salud. Donde hay la creencia de que Dios desea enfermedad y sufrimiento, Su amor y poder quedan fuera de la conciencia. La curación espiritual depende de la fe, y no puede haberla mientras la mente mantenga pensamientos que se oponen directamente a la posibilidad de curación. Por lo tanto, es muy necesario que nuestro pensamiento permanezca mucho en el amor y poder de Dios, de modo que una fe estable y firme se establezca. Dios es todo el bien; la enfermedad, el odio o el rompimiento de relaciones no son Su voluntad; Su voluntad para nosotros es sólo el bien. Debemos seguir únicamente nuestra naturaleza crística para armonizarnos con todo el bien y manifestar perfección en nuestros cuerpos.

Debemos pensar vida, hablar vida y vernos llenos de ella. Cuando no la manifestamos como deseamos, es porque nuestros pensamientos y nuestras conversaciones no están de acuerdo con la idea de vida. Cada vez que pensamos vida, hablamos vida y nos regocijamos en ella, liberamos y expresamos más y más la idea de vida. De ese modo entramos en la misma conciencia de vida abundante, perdurable, infalible y eterna que Jesús tuvo, y podemos comprender fácilmente Su proclamación de que los que creen en la vida del Cristo morador nunca morirán.

Preguntas de ayuda

1. ¿Cómo aviva el fluir de vida en el cuerpo la

afirmación "Yo soy"?

2. ¿Cuál es el regalo supremo de Dios para el hombre? ¿Por qué?

3. ¿Cómo puede el hombre hacer que la sensación de energía infalible sea un aspecto permanente de la vida?

4. ¿Cuál es tu definición de la "fuerza de vida"?

5. ¿Cómo influye la mente del individuo en el estado de salud del cuerpo?

6. ¿Pueden los individuos entrar en la misma conciencia de vida abundante y eterna que Jesucristo tuvo? Explica.

Notas personales

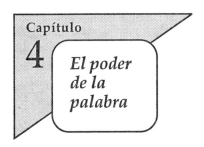

4 *El poder de la palabra*

La psicología espiritual prueba que el nombre de un gran personaje contiene la potencia de su mente y dondequiera que su nombre se repita silenciosa o audiblemente, sus atributos llegan a manifestarse. Jesús demostró que comprendía el poder sanador contenido en el cuerpo, y dijo que ese poder es liberado por la fe. "Tu fe te ha salvado." Cada uno de nosotros puede invocar el nombre de Jesús para liberar la vida sanadora contenida en el cuerpo. Toda declaración hecha por el hombre en la que el nombre *Jesucristo* se use con reverencia hará contacto con el éter espiritual donde el YO SOY (el Cristo) existe, y abrirá la mente y el cuerpo al flujo de la energía espiritual sanadora. El nombre *Jesucristo* es todo poder. La palabra *Jesucristo*, con todo el significado original subyacente e incorporado en ella, produce vibraciones espirituales de pureza y poder infinitos.

Hablando con poder espiritual

Cuando a una persona se le da la autoridad de hablar o actuar en el nombre de un rey o jefe ejecutivo, su palabra o actuación lleva el poder total perteneciente al mandatario junto con el de todo el gobierno que le respalda. Cuando hablamos con plena autoridad, usando el nombre de Jesucristo —el Hijo ungido de Dios, el

Salvador a quien se ha dado "toda potestad en el cielo y en la tierra"— ponemos en movimiento una fuerza invisible y muy poderosa para lograr aquello a lo cual enviamos nuestras palabras. Por lo tanto, cuando oramos en el nombre y a través del poder de Jesucristo, invocamos el Espíritu de Cristo y Su poder fluye por medio de nosotros, de manera que no es sólo nuestro poder el que está activo, sino todo el poder que existe para el bien. La armonía mental de Jesús no sólo irradia por toda la Tierra, sino que llega hasta los cielos, donde toca la gloria de Dios. Cuando oramos en el nombre del Señor Jesucristo o decretamos Su presencia y poder en nuestra obra espiritual, llevamos a cabo una reunión con Su mente omnisciente y sus ramificaciones asombrosas en el cielo y la Tierra, y nuestras escasas habilidades espirituales aumentan grandemente.

Por dos mil años los que han tenido fe en Jesús y han declarado su fe en Su nombre han tenido prueba de que El está presente como una fuerza dinámica y dadora de vida. Hombres y mujeres que no poseían poder sanador repentinamente se han vuelto sanadores con maravillosa habilidad. Ellos no alegan comprender cómo se lleva a cabo la curación. Sólo saben que por el uso de su fe y palabra, la cualidad espiritual en ellos se funde con el poder de Cristo, y la obra se lleva a cabo maravillosamente.

No hay duda que el nombre de Jesucristo es un poder real, práctico, que produce resultados maravillosos. El Nuevo Testamento relata muchos casos de curaciones espirituales.

En los Hechos de los Apóstoles encontramos que después de la muerte y resurrección de Jesús, Pedro y Juan un día sanaron instantáneamente a "un hombre cojo de nacimiento, a quien ponían cada día a la puerta del templo que se llama la Hermosa, para que pidiese limosna". Pedro hizo esa curación por medio de la palabra hablada: "En el nombre de Jesucristo de Nazaret, levántate y anda". La narración continúa relatando que "al momento se le afirmaron los pies y tobillos; y saltando, se puso en pie y anduvo; y entró con ellos en el templo, andando, y saltando, y alabando a Dios. Y todo el pueblo le vio andar y alabar a Dios. Y le reconocían que era el que se sentaba a pedir limosna a la puerta del templo, la Hermosa; y se llenaron de asombro y espanto por lo que le había sucedido....Viendo esto Pedro, respondió al pueblo: 'Varones israelitas, ¿por qué os maravilláis de esto? ¿o por qué ponéis los ojos en nosotros, como si por nuestro poder o piedad hubiésemos hecho andar a éste? El Dios de Abraham, de Isaac y de Jacob, el Dios de nuestros padres, ha glorificado a su Hijo Jesús....Y por la fe en su nombre....ha dado a éste esta completa sanidad' ".

Sanando la mente y el cuerpo

El Maestro dio énfasis a la verdadera autoridad de Su enseñanza por medio de efectos físicos definidos. No le satisfacía ayudar el espíritu e ignorar la carne. Su servicio combinaba curaciones de la mente y del cuerpo. Pocas personas comprenden que la salud incluye más que el cuerpo y la carne. De hecho, la mayor parte de la gente desconoce que el cuerpo no es más que el resultado de la actividad mental y espiritual, y que la persona es más saludable cuando mantiene un balance verdadero entre el espíritu, la mente y el cuerpo. Muchos no piensan en la salud como una expresión de la inteligencia divina, una radiación de la energía infinita, una liberación de la actividad de Dios. Para Jesús, el espíritu y el cuerpo eran inseparables e indistinguibles. El no se valía de subterfugios en cuanto a doctrina, mas daba la demostración física cuando era necesario.

Su "Levántate, toma tu cama, y vete a tu casa" fue la demostración material de la curación verdadera que ya se había logrado. Si las mentes primitivas de la gente comprendían mejor un resultado físico que una causa espiritual, Jesús estaba dispuesto a hacer su obra de la manera que fuera más fácil para ellas comprender.

Guardar la palabra de Jesús significa despertar a la vida interna y al mundo del Espíritu; por tanto, el hombre debe elegir el camino espiritual. No debemos guardar meramente el sentido literal de la palabra, sino su espíritu al situarnos donde Jesús estaba en relación con el mundo, y captar Sus palabras con nuestras mentes. Uno no puede conseguir el Espíritu y la vida en la materia y la muerte. A menos que uno perciba que hay algo más en la doctrina de Jesús que mantener un nivel moral mundano como preparación para la salvación después de la muerte, uno no llegará a ser un verdadero cristiano.

Palabras de verdad

En aproximadamente veinte pasajes en el Nuevo Testamento, se indica que Jesús dijo esencialmente: "Sígueme". Es evidente que El quiso decir que siguiéramos Su ejemplo de ser receptivos a la sabiduría, la paz, el poder y la salud de Dios. En el caso del hombre en el estanque de Betesda, un hombre que había estado enfermo por treinta y ocho años, Jesús le preguntó: "¿Quieres ser sano?". El hombre contestó que nadie le ayudaba, y Jesús dijo: "Levántate, toma tu lecho, y anda". El hombre sanó, tomó su lecho, y anduvo. Esta curación representa el poder del Cristo (que Jesús simboliza) para restaurar el equilibrio del organismo a través de la actividad de las ideas espirituales en la conciencia, independientemente de los métodos de curación que el hombre de los sentidos usa. El verdadero método de curación espiritual emplea eficazmente la palabra de autoridad, como la habló Jesús. Por el poder de la palabra la "enfermedad" se transforma en armonía y fortaleza.

Toda palabra de la Verdad está viva con una energía invisible que tiene poder para hacer milagros. La Verdad es poderosa para lograr resultados, pero para hacer eso debe ser hablada con diligencia y eficacia. La Vida, la Verdad y el Cristo, son uno.

Las palabras de Verdad que tú y yo hablamos en el nombre y Espíritu del Maestro se convierten en Sus palabras, llenas de vida y salud. Tales palabras ponen en movimiento la energía invisible que logra resultados, y nada se alcanza cuando ella está inmóvil.

El hablar palabras definidas y positivas de confianza a uno mismo o a otro tiene poder maravilloso para levantar y transformar, poder para llenar el cuerpo de la conciencia de la presencia real y viviente de Dios. Esa es la manera en que Dios nos libra de nuestras dificultades. El nos consuela y da nueva vida cuando hablamos palabras de Verdad. Tales palabras tienen poder para liberar el canal entre nuestro centro de vida y la fuente de toda vida —un cauce que tal vez se encuentre obstruido por nuestro egoísmo e ignorancia— de modo que surja un gran fluir de nueva vida. Todo instante en que nuestros corazones se levantan en espíritu de gratitud, el cual es incitado cuando hablamos palabras de agradecimiento por beneficios ya recibidos, esa energía poderosa, que es el Espíritu del Dios viviente, trabaja para cambiar, restaurar y sanar la dificultad que parece destruirnos.

Las palabras de Verdad de un hombre fervoroso poseen el poder dinámico de sanar y bendecir porque el hombre espiritual entra en ellas. Cuando la actividad del Espíritu, de la cual emanan las palabras sanadoras, no es obstruida, ellas alimentan las almas de las personas y son creativas así como recreativas. La palabra de Verdad tiene vida en ella; tiene poder para restaurar y perfeccionar; no puede perecer o disminuir con los cambios que acontecen en el transcurso de los años. Cuanto más espiritual sea el individuo que habla las palabras, más perdurables son ellas; según las palabras mueven más poderosamente a las personas, más ciertamente las despiertan a su naturaleza divina.

Jesús dijo: "Guarda mi palabra", queriendo decir que la analicemos mentalmente, la examinemos en todos sus aspectos, creamos en ella como una verdad, y la guardemos como un tesoro, como un bálsamo redentor y sanador en momentos de necesidad. Las palabras tienen poder de modificar la conciencia y de sanar enfermos.

Cualesquiera que sean las diversas teorías sobre el asombroso poder sanador de Jesús, nadie disputa un punto: El empleó palabras como el vehículo de la fuerza sanadora. El estaba convencido de que hablaba la verdad, y el resultado de su comprensión convencía la mente del paciente y abría el camino para la curación.

Las palabras se avivan por los que las hablan; ellas recogen y llevan las ideas del hablante, débil o fuerte, ignorante o sabio, saludable o enfermo. Así, las palabras que describen la deidad se han personificado en el pensamiento de la raza, y aquellos que las invocan en la oración y meditación reciben un ímpetu espiritual mucho mayor de lo que recibirían si usaran palabras comunes. Después del Espíritu, la palabra del Espíritu es lo más poderoso en existencia. "Por la fe entendemos haber sido constituido el universo por la palabra de Dios." Leemos en Génesis que "dijo Dios..." y así sucedió. Dios dijo: "Hagamos al hombre a nuestra imagen, conforme a nuestra semejanza". Por lo tanto, vemos que el hombre es la palabra encarnada de Dios, y nuestras palabras hacen surgir todo lo que pongamos en ellas.

El único poder creativo

Si deseamos curación, estudiemos las palabras sanadoras de Jesús y llevémoslas a nuestra conciencia. Al hacer eso, recibiremos inmediatamente ayuda y mejoría. Si persistimos en el estudio de Sus palabras, prosperaremos en nuestra búsqueda de Dios, y al fin seremos sanados completa y eternamente. Jesús no registró Sus palabras como propiedad literaria o prohibió que se usaran. El nos instó a que las guardáramos como lo hizo El y comprendiéramos que Sus palabras no son repeticiones vanas, sino el fuego viviente del alma.

Las palabras de Jesús son diversas, mas todas son alimento para la mente del hombre. Ninguna de ellas es demasiado difícil para nosotros ni está más allá de nuestro poder de comprenderla.

Nuestras palabras manifiestan en nuestras vidas y asuntos lo que pongamos en ellas. Por la ley de expresión y forma, las palabras de debilidad hacen decaer el carácter de todo lo que las recibe. El hablar con frecuencia sobre nerviosidad y debilidad producirá condiciones correspondientes en el cuerpo; por otra parte, el hablar la palabra de fortaleza y el afirmar poder manifestará fortaleza y equilibrio. Los nervios llevan los mensajes de nuestros pensamientos a todas las partes del cuerpo, donde los pensamientos manifiestan la palabra que se les "habla". Las palabras establecen una vibración particular con su entonación, y podemos afectar las vibraciones de nuestra vida o de la vida de otros por la manera en que las dirigimos. Al decirle a su niñito que él se ve enfermo y cansado, la madre produce esas condiciones en la mente y el cuerpo del niño. Si la madre habla palabras de salud, vida y fortaleza al niño, ésas activarán sus funciones corporales y ellas expresarán la armonía del pensamiento dominante. Toda palabra manifiesta según su clase.

La perfecta Palabra de Dios es el hombre espiritual. Es por medio del hombre espiritual que todo se manifiesta. Como imitador de la Mente Divina, el hombre tiene el poder de formar y manifestar todo lo que él idealiza, pero a menos que su pensamiento se identifique con la Mente Divina y sea guiado en su funcionamiento por la sabiduría infinita, las formas que su pensamiento produce son perecederas.

La mente es el único poder creativo. Siguiendo la ley creadora en su operación, desde lo amorfo a lo formado, podemos ver cómo una idea fundamental en la Mente Divina es captada por el ego del hombre, cómo toma forma en su pensamiento y se expresa a través de su palabra hablada. Si en cada paso de este proceso él se amoldara a la ley divina y creativa, la palabra del hombre haría que todas las cosas sucedieran instantáneamente, como cuando Jesús hizo el aumento de los panes y pescados. Pero ya que ha perdido, en parte, el conocimiento de los pasos en este proceso creativo desde lo interno a lo externo, hay muchos vacíos y muchas condiciones anormales, con más fallas que éxito en los productos. Pero toda palabra, pensada o hablada, tiene algún efecto.

Si la premisa razonable de que Dios es el Dios omnipresente, está bien establecida en ti, no puedes hablar sino palabras sanadoras e inspiradoras. Sin embargo, si crees que la Mente Divina puede hacer surgir tanto las condiciones buenas como las malas, entonces tu curación será mixta. La corriente es pura; limitas su fluir con tu pensamiento erróneo.

Todo el mundo puede hablar palabras verdaderas y así ser el agente de Dios. Un niñito puede hacerlo; el discípulo ignorante puede hacerlo. El poder no es inherente en el individuo. La Palabra viviente de Dios es principio espiritual; es omnipresente, como el aire que respiramos, y cualquier persona puede aplicarla. Su premisa es que Dios es el bien y Sus hijos son como El. Solamente tienes que reconocer esa premisa en todo lo que piensas y haces, y luego hablarla claramente para obtener los resultados prometidos.

Preguntas de ayuda

1. ¿Cómo libera la vida sanadora la invocación del nombre de Jesucristo?
2. ¿Qué significa guardar la palabra de Jesús?
3. Explica cómo se avivan las palabras.
4. ¿Por qué es el hombre espiritual la Palabra perfecta de Dios?
5. "La Mente es el único poder creador." Explica.

Notas personales

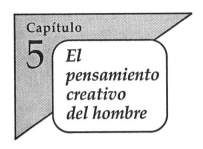

Capítulo

5

*El
pensamiento
creativo
del hombre*

El hombre no es un cuerpo carnal que resulta de una concepción material, sino una creación del Espíritu, una manifestación de su pensamiento individual. "Porque cual es su pensamiento en su corazón, tal es él." El no puede cambiar su estado mental sin causar automáticamente un cambio correspondiente en su cuerpo.

El cuerpo del hombre es un registro ordenado de su conocimiento de sí mismo, una expresión de su interpretación de las funciones y poderes que son originalmente suyos por derecho divino. Es una ley cósmica que lo que pensamos continuamente y con emoción se materializa; es la esencia creativa de todos los fenómenos. Ya lo creamos o no, y ya sean nuestros pensamientos adversos o armoniosos, ellos se vuelven una realidad objetiva y crean el carácter de nuestro ambiente. Una impresión que se recibe o registra en la conciencia del individuo entra en la fase subconsciente de la mente como una creencia, y desde ese momento, ya sea verdadera o falsa, procede a ejercer dominio. Vemos, entonces, cuán necesario es conocer la verdad y adiestrar la conciencia para que no permita en su reino pensamientos no apropiados.

El modelo mental del cuerpo

El cuerpo del hombre es un efecto, una manifestación de todo lo que él ha creído acerca de su cuerpo, una exteriorización de la idea que su alma ha formado de sí misma. Por lo tanto, el cuerpo es una creación continua de la mente, así como el alma es una creación de Dios. Sería absurdo negar la existencia del cuerpo, pero sabemos que no existe independientemente; obtiene continuamente su existencia de la mente; por sí solo no tiene ni vida ni poder. Sin la conciencia que expresa, el cuerpo no podría hacer nada. Mas, por otra parte, la conciencia no cobraría expresión sin un organismo. La mente y el cuerpo deben trabajar juntos para cumplir el propósito divino —la manifestación de la bondad infinita.

Eso basta en cuanto a la idea original o al plan divino. La raza humana lo ha interpretado de manera muy diferente. Ella ha atado su conciencia al error, limitando su conciencia; ha creído en un cuerpo carnal, material, corruptible y destructible, algo que permite el dolor y deterioro, y muere; ella ha legado esa herencia a todo hombre. Al intentar liberarse de lo que él cree ser un concepto falso, el hombre se ha ido al extremo opuesto y ha negado su cuerpo, pensando constantemente en sí como Espíritu únicamente, y esa creencia en separación se manifiesta como tal a menos que se le dé la protección de los principios de la Verdad.

El cuerpo es un récord individual de pensamientos e identifica la interpretación de cada persona de lo que ella ha "aprendido" por medio de sus sentidos físicos. Si la persona ha creído en la información de los sentidos físicos, su cuerpo lo demostrará. La verdad que encontramos en el cristianismo destruye esa creencia con respecto al cuerpo y percibe lo real o "el cuerpo del Señor", que es la identidad perfecta del hombre en

Dios. La raza humana es continuamente perfecta en la Mente Divina. Pero nuestra conciencia de los sentidos continúa leyendo los pensamientos de aquellos que nos rodean según se expresan en sus cuerpos y reconociendo el cambio de pensamiento según se manifiesta en cuerpos modificados y condiciones diferentes. El escondimiento es imposible. No hay nada escondido en el pensamiento de una persona que a la larga no se revele en su cuerpo y vida. La persona provee el modelo mental que su cuerpo refleja, y la impresión corporal es una representación verdadera de lo que ella ha elegido pensar en su corazón.

La resurrección mental de la persona

Toda naturaleza se renueva periódicamente. Una persona puede usar su relación con la naturaleza para rejuvenecerse. Según Dios crea el universo por medio de ideas divinas, así una persona puede volver a crear su cuerpo por medio de su pensamiento gobernante. Toda concepción nueva y más elevada que él forme contribuirá a una expresión corporal externa. Esa transformación debe ser hecha por el individuo y ocurre a través del aniquilamiento de la ignorancia y el error, más bien que como el resultado de la muerte física. Esa transformación puede considerarse como una resurrección mental, y el privilegio del hombre es levantarse de la tumba del pensamiento falso. La mente trabaja con cualquier modelo que le proveamos. Si mantenemos firmemente ante ella la idea divina y creemos en su realización, creará de nuevo el cuerpo de acuerdo con su diseño mental. El cuerpo se sana solamente cuando el pensamiento se sana. No hay más que una

Mente, y la salud del cuerpo del hombre, estando en la Mente, nunca puede deteriorarse o perderse. Cuando el concepto de ese cuerpo espiritual es revelado al hombre, la curación se vuelve lo normal en el mundo. Es imposible para el cuerpo manifestar dolor o enfermedad si el pensamiento que originó esas condiciones es destruido.

Poder ilimitado

Existe una substancia universal en la cual el pensamiento construye todo lo que la persona desea. Esta tiene poder ilimitado por medio del pensamiento, y puede dar su poder a las cosas o detenerlo. Los pensamientos que la persona permite en su mente determinan todo su carácter. Una persona fuerte o una débil es lo que ella es debido a pensamientos repetidos de fortaleza o debilidad. Todo lo que vemos a nuestro alrededor es la creación de la Mente moldeada por el pensamiento. Todas las condiciones de este mundo han sido construidas por la gente que lo habita, y cada persona construye y es responsable de su ambiente inmediato. Jesucristo empezó a establecer el reino del cielo en la tierra al despertar a las personas a esa verdad fundamental del ser. El enseñó el poder de la mente, los pensamientos y las palabras. El echó fuera demonios (pensamientos erróneos) y sanó a los enfermos con su palabra.

Por esencia somos mente. Los pensamientos forman nuestra conciencia. Los pensamientos forman barreras alrededor del pensador, y cuando ellos son aceptados como verdad, son invencibles a otros pensamientos. Por lo tanto, estamos rodeados de "barreras" de pensamiento: el resultado de nuestra herencia, educación y nuestra propia forma de pensar. Del mismo modo, nuestros pensamientos, pasados y presentes, determinan el grado de nuestra salud. Esos pensamientos pueden ser verdaderos o falsos, dependiendo de nuestra comprensión y uso de la ley divina. Perdemos nuestra salud cuando dejamos de seguir la ley universal, ya sea por omisión o comisión. Para ser saludables continuamente, debemos obtener de la única fuente de vida: Dios.

Dios no forma cosas. Dios llama de lo más profundo de Su ser las ideas que ya están allí, y ellas se mueven y se visten con la ropa del tiempo y la circunstancia en la conciencia de la persona. La persona es lo que ella tiene la voluntad de ser. Ella no es un títere para ser dominada por un poder externo que lo puede todo, mas es un ser viviente, palpitante y cooperador que conoce los pensamientos y deseos de la Mente Divina y coopera con ella para manifestar los propósitos de una creación perfecta y saludable. La persona tiene la capacidad de conocer a Dios conscientemente y comulgar con El. Ella no fue creada como un ser inferior sino en sociedad con su Creador. Por lo tanto, ella crea por medio de su palabra y pensamiento, así como Dios crea. Cada palabra hablada tiene el poder de causar la manifestación de aquello que decreta, particularmente esas palabras habladas con conciencia espiritual. Toda acción y condición tiene su origen en la mente. Los pensamientos, ya sean negativos o positivos, son semillas que, al caer o ser sembradas en la fase subconsciente de la mente, germinan, crecen y hacen surgir el fruto a su debido tiempo. La mente reacciona a ideas, y éstas se vuelven visibles por medio de palabras. Por consiguiente, mantener las palabras correctas en la mente pondrá la mente en marcha en proporción al poder dinámico de la idea detrás de las palabras. Una palabra con una idea inútil subyacente en ella no estimulará la mente o sanará el cuerpo.

Las palabras deben representar fuertes ideas si ellas han de llenar la mente de energía. Esas son la clase de palabras que deleitaban a Jesús. El se deleitaba en hacer afirmaciones grandes y poderosas para Su Dios, para Sí mismo, para Su obra y para todos. Con esas palabras poderosas, sanó a los enfermos y levantó a los muertos.

La búsqueda para expresar perfección

El camino hacia la curación es primero reeducar la mente y establecer la presencia de la Verdad en todas las facultades.

Luego debemos ver la realidad del cuerpo y sus funciones y sellar todas las partes con la norma perfecta que es la expresión de las ideas del Cristo en la conciencia individual. Debemos estudiar nuestros hábitos de vida y hacerlos obedecer a la verdad de que en realidad sólo el bien es verdadero, permanente y activo.

Cuando una persona sostiene el pensamiento de que su cuerpo es puro, vivo y perfecto en todas las partes, y emplea esa norma mental para dirigirla en sus pensamientos y hábitos de vida, ninguna enfermedad puede afectarla. Al reeducar su mente y volver a dar forma a sus normas mentales, la persona causa la manifestación externa de perfección en su cuerpo.

El individuo mismo debe hacerlo, mas puede saber que Dios trabaja constantemente a través de él. Cuando nuestra conciencia corresponde a la idea perfecta y divina de nosotros, expresamos esa perfección en todo aspecto de nuestro ser físico. La persona que busca verdaderamente lo que es de Dios expresa en pensamiento lo bueno y verdadero; no piensa desfavorablemente o cree en impureza de ninguna clase en ella misma o en otros.

La concentración en la norma perfecta

Todos los sentidos trabajan en el reino de la mente, pero todos tienen su aspecto y uso físico. Usamos lo que ellos nos dicen en el mundo de nuestro pensamiento. Formamos aquello que creemos de nosotros mismos, de otros, o de la creación en general, y lo empezamos a registrar en nuestras almas y cuerpos. Nuestros ojos comienzan a visualizar lo que concebimos mentalmente, y las estructuras de las células de los órganos son afectadas y formadas de acuerdo con las vibraciones establecidas por los pensamientos. Así sucede con los otros sentidos y sus órganos. Nuestros pensamientos y emociones negativos actúan en las partes del cuerpo que tienen que ver con las fases de la vida relacionadas con ellos.

Debemos ver la vida de Dios en nuestra naturaleza humana. Toda forma de negación de la vida e inteligencia de Dios o del organismo físico, todo pensamiento carnal que no sea el de la substancia pura de Dios, congestiona e irrita el cuerpo. Eso es indecisión, la creencia tanto en el mal como en el bien. Mirar a nuestro alrededor y ver el mal y la imperfección es incorrecto. A lo que le ponemos el sello mental se registra en nuestra naturaleza humana. El hombre debe conservar y ajustar la energía de su pensamiento para desarrollar una forma correcta de pensar. Esta, emplea la mente para manifestar los propósitos correctos idealizados por el pensador. El hombre controla la demostración de salud en el cuerpo de acuerdo con su dominio y conservación de la fuerza del pensamiento. El cuerpo perfecto existe como un cuerpo ideal en todos nosotros. Al concentrarnos mentalmente en ese cuerpo perfecto (el cuerpo de Cristo) y al enfocar todos nuestros poderes en él como la vida vital de lo físico, empezará una transformación que levantará finalmente lo físico a lo divino.

No podemos sanarnos al pensar sobre enfermedades, ni podemos prosperar al pensar en la carencia. Cada vez que permanecemos en un pensamiento que limita nuestras vidas —un pensamiento de enfermedad o edad o muerte— causamos una restricción en el fluir de la vida. Lo extraño es que a menudo una persona puede orar por curación y todo ese tiempo restringe el fluir de vida y perfección porque se detiene a pensar en la condición que teme y no quiere. Si nos sentimos frustrados mientras oramos por una condición que no parece mejorar, nuestra frustración en realidad puede causar que la condición empeore. Aumentamos las condiciones negativas al pensar en ellas, lamentarnos por ellas, y desear que no existieran. Más bien, dirijamos nuestro pensamiento lejos de las condiciones negativas. No pensemos en ellas en absoluto, y desaparecerán. Podemos aumentar lo bueno al pensar en ello —una cara hermosa, una bella forma— no importa lo que sea; pero si tomamos el lado negativo, obtendremos resultados también. Conseguiremos lo que pensamos. Nuestras mentes se alimentan con las fuerzas vitales, y de acuerdo con leyes psicológicas alteramos nuestros tejidos. La mente actúa sobre el cuerpo a través de los nervios, y, o destruimos nuestros cuerpos o los construimos.

La enfermedad

Ciertos pensamientos producen las condiciones físicas que conocemos como enfermedad. Ellos producen reacciones químicas en la mente que causan un cambio en los contenidos químicos del cuerpo, y de tal modo producen condiciones anormales o patológicas. En algunos casos el pensamiento produce una congestión de sangre en una parte del cuerpo y así roba a otra de la provisión de sangre que debe tener. Aun el pensamiento más simple de timidez causará un flujo anormal de sangre en la cara de una persona causándole rubor. Tenemos, también, el caso del individuo que por un pensamiento de temor causa que su rostro palidezca porque la circulación sanguínea es impedida a través de los vasos de su cara. ¿Qué sucedería si esa circulación desigual fuera mantenida por un período de tiempo? ¿Podemos dudar que el pensamiento puede obstruir instantáneamente la provisión de sangre de un órgano y su nutrición, o puede sobrealimentarlo?

El temor imposibilita que el estómago reciba y maneje propiamente los alimentos ingeridos y causa un veneno en el sistema que puede impedir que alguna parte del cuerpo reciba su porción de los elementos nutritivos de los alimentos. El miedo obstaculiza la circulación, de modo que los excrementos no son eliminados propiamente. El temor ocasiona un hambre persistente que hace que el niño o el adulto coma con irregularidad, algunas veces apeteciendo golosinas que no necesita, otras veces rehusando los alimentos beneficiosos.

Debemos reemplazar los pensamientos erróneos en la fase subconsciente de la mente, tales como el temor y la preocupación, con afirmaciones de la Verdad.

Nuestros cuerpos-templos son el fruto de nuestras mentes. Las verdades que mantenemos en ellas redimen y sanan nuestra naturaleza humana. En Espíritu y en Verdad somos ahora y siempre completamente sanos. Al quitar de en medio los pensamientos falsos, al mantener la imagen y semejanza de perfección eternamente ante nuestros ojos, y al tratar de *sentirnos* sanados, la salud se vuelve irresistible y ha de manifestarse.

Afirma orden divino

El orden debe establecerse en todos los aspectos de la vida. El primer paso es vigilar nuestros pensamientos y nuestras palabras. Debemos eliminar los pensamientos negativos y hablar solamente palabras positivas. Sobre todo, debemos cultivar el pensamiento correcto y positivo. Si pensamos acerca del orden y la armonía nuestro gusto en las cosas materiales cambiará. Desearemos los alimentos más puros, y habrá más armonía en los colores que elegimos llevar.

Debe haber orden en la vida espiritual así como en la vida material. Acepta y afirma el conocimiento de que hay un plan divino activo en tu vida y declara tu unidad con la Mente Divina. Ten presente que eres un hijo de Dios y que estás unido a Su sabiduría perfecta. Pide sabiduría, luego declara orden divino. Unete al Espíritu, y el orden de la Mente Divina comenzará a trabajar en tu vida. La armonía se establecerá en todos tus asuntos. Después de sembrar las semillas del pensamiento correcto, debes cuidar las plantas; después de emplear la ley, debes asirte a su cumplimiento. Esa es tu parte, y Dios da el aumento. Debes trabajar con el orden divino y no esperar cosecha antes de que el terreno haya sido preparado o la semilla haya sido sembrada.

Tienes ahora el fruto de lo que sembraste anterior- mente. Cambia tus semillas (pensamientos) y cosecha lo que deseas. El orden perfecto de la ley de vida se establece en ti a medida que permites las ideas creativas de vida, amor, substancia e inteligencia dirigir tus pensamientos y las funciones de tu cuerpo. La substan- cia omnipresente de Dios se apodera de las normas perfectas y las fija a medida que mantienes tu mente y corazón confiados en el Espíritu y en que El sabe cómo disponer para que las mejores manifestaciones trabajen por medio de ti.

Ten paz

La paz mental precede la curación del cuerpo. Re- chaza la enemistad y la ira y afirma la paz de Jesucristo, y tu curación será rápida y segura. Las afirmaciones constantes de paz armonizarán la estructura de todo el cuerpo y abrirán el camino para lograr condiciones saludables en mente y cuerpo. Una de las razones por la cual las oraciones y los tratamientos de salud no tienen mayor éxito es que no se ha logrado un estado receptivo en la mente con afirmaciones de paz. La Mente del Espíritu es armoniosa y pacífica, y debe expresarse de igual modo en la conciencia del hombre. Cuando una extensión de agua es agitada por corrien- tes intermitentes de aire, ella no puede reflejar los objetos claramente. La persona tampoco puede reflejar el fuerte y firme resplandor de la Omnipotencia cuando permite que los pensamientos de ansiedad, temor y cólera perturben su mente. Ten paz, y tu unidad con la Mente de Dios te traerá salud y felicidad.

Preguntas de ayuda

1. Explica como el cuerpo humano es una creación continua de su mente.
2. "El cuerpo se sana solamente cuando el pensamiento se sana." Explica.
3. ¿Qué debemos hacer para ser saludables?
4. ¿Cuál es la manera de sanarnos?
5. Define lo que es "el pensamiento correcto".
6. ¿Cómo establecemos el orden perfecto de la ley de vida?

Notas personales

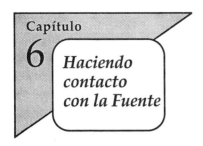

Capítulo

6

*Haciendo
contacto
con la Fuente*

Dios ha hecho todo bueno, para que el hombre lo use y disfrute. El hombre, empezando con Adán, ha seguido la manera ardua de vivir, al tratar de encontrar la diferencia entre el bien y el mal, en vez de seguir las instrucciones de Dios de seguir el camino fácil del bien absoluto.

La persona se separa de la creación perfecta de Dios, el reino del cielo, al creer que Su creación es tanto el bien como el mal. Esa indecisión le causa preocupación, temor e infelicidad, y entregarse a muchas emociones negativas que interfieren con la actividad armoniosa de la fuerza de vida divina en su cuerpo, y ellas pueden ocasionar desorden físico. El secreto de la curación estriba en utilizar la fe para elevar la conciencia al reino de la perfección de Dios, y así despejar el camino hacia la perfecta curación original para que ocurra en el cuerpo.

El Gran Médico hizo Sus milagros de curación al establecer en la humanidad una conciencia de contacto directo con esa corriente de vida única, y al vincular la mente con su fuente divina de vida uniéndola con su Espíritu. El no comenzó con la materialidad de la carne. Su diagnosis fue más allá de miembros paralizados y ojos ciegos. Esos, para El, no eran más que apariencias cambiables y sin substancia. El trabajaba con el principio espiritual en Su mundo de realidad: la mente.

Nada que es perecedero puede ser real. El cuerpo físico no es el ser verdadero del hombre, porque él lo despoja continuamente y lo renueva constantemente. El ser real, el YO SOY, no es físico. La vida es asunto de conciencia, y el cuerpo es el instrumento por medio del cual la mente funciona en este plano terrenal.

Pensamientos de vida

El pensamiento es la primera manifestación del principio viviente en el hombre. Es lo que fluye en el cuerpo como expresión. Empleado constantemente en una dirección, se vuelve una fijación o un hábito. La enfermedad es el resultado del pensamiento habitual mórbido o el pensamiento erróneo. Esa morbosidad, que Jesús llamó "pecado", no es necesariamente un pensamiento continuo de enfermedad, pero puede ser causada por la preocupación, la tensión o los pensamientos temerosos. Todo el poder para vencer las causas de la enfermedad está disponible para nosotros hoy día. La creencia en el Cristo en el hombre no ha perdido nada de su vitalidad; es tan poderosa hoy como lo fue en los tiempos de Jesús. Jesús declaró que aquellos que aprendían de El y usaban Sus métodos podían lograr aún mayores obras que El: toda la potencialidad está aquí si sólo aprendemos a usarla.

El poder de Dios en ti es sanador. La vida de Dios en ti es eterna. Esa salud y vida no pueden compararse con los niveles de salud y vida del mundo. El mundo ve la salud como algo pasajero, algo que existe hoy y cambia mañana y como algo que puede terminar en cualquier momento. La salud y vida del Cristo en ti son incambiables. Ellas perduran para siempre.

Si pierdes la conciencia de la vida en ti y desarrollas

una necesidad de curación, primero vuélvete a Dios en tu interior y centra tu pensamiento en El. No recurras a la enfermedad ni reconozcas su realidad. No hay poder en condiciones externas; el único poder es el del Espíritu sanador y constructivo. Todo lo otro es un engaño, una convicción errada, una creencia en algo que no existe. Cuando el mundo de los sentidos nos dice que hay vida, poder o substancia en todo lo que está fuera de la conciencia infinita, él extravía nuestro juicio. Cualquier percepción falsa de los sentidos se basa en la creencia humana de que toda vida o inteligencia puede existir independientemente, esto es, aparte de la Mente de Dios. Los sentidos nos engañan cuando no disciernen la realidad espiritual, y ponen su fe en una mentira. Ellos creen que vemos y oímos con los ojos y oídos de los sentidos, en vez de ver y oír con los del alma.

Por medio del pensamiento constructivo ejercemos dominio del engaño de los sentidos. Construir es edificar; el pensamiento constructivo es un método positivo, convincente y afirmativo de usar la mente; es el pensamiento creativo de Dios, libera las potencialidades del alma, aviva las funciones del cuerpo y armoniza los efectos físicos discordantes. Nadie puede pensar positivamente en sí mismo como vivo, sano y feliz, y provisto abundantemente, sin formar en su conciencia un efecto vitalizador.

La realidad trata sobre lo que existe verdaderamente: ideas. La realidad del hombre es la suma total de las ideas de Dios sobre él. El hombre da cuerpo a esas ideas perfectas a menudo, pero vagamente, por causa de su limitación humana. Sus sentidos físicos manifiestan siempre los engaños subconscientes de la raza, y él ve en sí mismo y otros no las personas reales o crísticas, sino lo que cada una de ellas cree de sí misma. Jesús rehusó percibir nada que no fuera la realidad. El quitó "los pecados del mundo" al no ver sus fallas o criticar sus faltas.

La palabra perfecta

Debemos comprender que el Padre no puede ser circunscrito por ninguna idea humana sobre El o sobre lo que debe hacer por nosotros. Debemos saber que hay sólo el bien y Su palabra es la única que sana permanentemente. Mientras creamos que el Padre puede sanar unas veces y otras no, juzgamos mal Su naturaleza. Si hay alguna limitación en el poder sanador de la palabra, nosotros la hemos creado.

La palabra sanadora no es una creación particular para enfrentar una emergencia ni es una medicina patentada para curar enfermedades específicas. La idea de que es una palabra completamente sanadora se origina en nuestro concepto limitado de que hay algo por sanar.

Dios es la perfección suprema, y todas Sus creaciones son perfectas. Es necesario conocer la perfección para traerla a manifestación. Cuando comprendemos esta perfección y hablamos palabras de la Verdad desde ese nivel de comprensión, nuestra palabra sale y establece lo que es. Ella no sana nada —en su perfección no hay nada que sanar. Su función es ver la perfección de su Ser; y a medida que hacemos la obra del Padre, vemos y restauramos lo que es y siempre fue perfecto. Por lo tanto, la persona que se da cuenta de que Dios es la perfección suprema y que en El no puede haber imperfección, y que afirma eso con convicción, causará que todo se arregle en orden divino.

Confía en Dios

Hay una manera de volver a la pureza original del universo, el modo de salir de la pobreza, la mala salud y la inarmonía. Jesús lo llamó el "reino de los cielos" y dijo que "todas estas cosas" deben añadirse a los que lo buscan. Eso implica que no tienes que entrar en ese reino completamente para tener las cosas añadidas, pero sí tienes que buscarlo. Debes volver tu atención en la dirección correcta. Es fundamental dar ese paso.

Confía en Dios en todo, y ve que el resultado se manifiesta debido a las corrientes mentales que pones en marcha a tu alrededor. Toda tu vida se vitalizará; la esfera de tu mundo se ampliará; tu mente estará despierta y alerta, tu cuerpo libre de debilidad. Tus miedos se desvanecerán y tendrás un sentido de seguridad. Tendrás generosidad y paciencia, y el bien podrá llegar a ti. Beneficiarás a otros; ellos también se volverán más felices y saludables, porque toda persona que se pone en contacto con una conciencia elevada es afectada favorablemente por esa conciencia. Las ideas son contagiosas, y ninguna persona puede vivir donde las ideas verdaderas de perfección, abundancia y paz se expresen sin llegar a contagiarse por ellas. La salud es herencia divina de todo ser humano.

La unidad con Dios por medio de la mente

Dios es mente. Aquí nos referimos al eslabón que une a Dios con el hombre. Ninguno de los sentidos o facultades puede comprender el ser esencial de Dios como principio, pero la mente de la persona es ilimitada, y por medio de ella la persona puede ponerse en contacto con el Principio divino. Según la mente revela a Dios, esa revelación trae la salud perfecta. La persona debe ir conscientemente a la paz mental que es común tanto en la persona como en Dios. Tu mente no hace la curación. Ella es el canal a través del cual el Principio sanador trabaja. El secreto de la existencia nunca será descubierto antes de que la persona se dedique a la ciencia de su propia mente y la domine. La conciencia de la persona se compone de la mente y sus ideas, y éstas determinan si ella es saludable o está enferma. Jesús sabía que la mente contenía el poder del universo; sabía que El contenía todo el poder del Padre en El. Según la mente mueve el cuerpo, así las ideas mueven la mente, y aquí mismo en la mente encontramos el secreto del universo: "El Padre que mora en mí, él hace las obras". La realización suprema del hombre es su unidad con Dios por medio de la Mente. Jesús tuvo esa conciencia y la proclamó antes de que hubiese cualquier manifestación. "Yo y el Padre uno somos " "El que me ha visto a mí, ha visto al Padre."

Piensa en el Ser como un agregado de ideas con potencial creativo y gobernado en Sus procesos creadores por leyes inalterables. Ve en tu mente esas ideas que se proyectan y activan en una criatura en evolución, consciente de sí, y con libre albedrío: el hombre. Según el hombre se desarrolla por medio de la combinación de esas ideas originales, ve su llegada al lugar en su evolución donde se da cuenta de su poder de autodeterminación, y comienza a elegir conscientemente entre las muchas actividades del universo y a combinarlas a su manera para formar su campo de actividad.

Receptivos al espíritu

El hombre es espíritu, alma y cuerpo. El pone en acción cualquiera de las tres fases de su ser al concentrar el pensamiento en ellas. Si solamente piensa en el cuerpo, los sentidos físicos abarcan toda su existencia. Si cultiva la mente y la emoción, añade el alma a su conciencia. Si se levanta a lo Absoluto y comprende el Espíritu, manifiesta su divinidad. Los secretos internos del universo son revelados en el Espíritu, y solamente encuentran el Espíritu aquellos que lo buscan en un modo ordenado.

La disciplina mental es necesaria para abrir la mente al Espíritu. La conciencia personal(el pensamiento negativo) es como una casa con todas las puertas y ventanas trancadas. La persona que vive dentro puede oír voces fuera, pero las puertas y ventanas se abren desde dentro, y a ella le toca abrirlas. Las puertas y ventanas cerradas en la mente son los pensamientos solidificados, y ellos son liberados cuando les hablamos la palabra correcta. Jesús expresó una multitud de palabras correctas, y si haces que Sus palabras sean las tuyas, ellas abrirán todas las puertas de tu mente al Espíritu. Nadie puede hacer eso excepto tú, debes hacerlo tú. La Verdad no se revela de un mortal a otro, sino por Dios a cada uno de Sus hijos que esté dispuesto a recibirla.

En Espíritu la actividad armonizadora, sanadora y ajustadora de Dios responde completamente a la necesidad. Sin embargo, debes ponerte a tono con ella. En un sentido muy real Dios está en comunión constante contigo, pero debes aceptar esa verdad —en efecto, comulga con *El*. No puedes oír música hermosa transmitida por la radio a menos que sintonices tu receptor en la frecuencia correcta. Hay ondas radiales a todo tu alrededor, pero a menos que estés preparado para recibirlas, no podrás oírlas.

Esta es la función de la afirmación: levantar tu conciencia al nivel de la respuesta. En la Mente de Dios la curación ya es completa, por la ley divina de ajuste. Mas la solución se vuelve real en nuestra experiencia solamente al ponernos a tono con la actividad de la ley. Una afirmación no hace algo verdadero. Ella declara lo que *es* verdadero y abre el camino para su manifestación. Cuando empleas la oración y la afirmación, no apelas a una fuerza externa. No oras: "Ay, Dios, sáname", sino que sabes con todas las fuerzas de tu ser, que tu cuerpo es un centro de vida y luz, que todo átomo y toda célula están llenos de la substancia de la vida pura de Dios.

El fluir consciente de la energía de vida

La dirección consciente de la mente hacia la curación del cuerpo es el agente sanador más directo y natural, y sus resultados son más y más poderosos a medida que los momentos regulares de meditación y oración establecen la convicción de la verdadera naturaleza de la curación y la confianza en las innatas fuerzas creativas en todos nosotros. El perfeccionamiento no se logra construyendo castillos en el aire o por fuerza de voluntad, sino por nuestra propia convicción. Cuando la persona está convencida de que la curación es posible, que merece estar bien, y que todas las fuerzas de su ser, así como la voluntad de Dios, están a favor de su curación, ella remueve los impedimentos en su conciencia y aclara el camino.

El cuerpo es el sirviente de la mente, no siendo ésta la sirvienta del cuerpo. El cuerpo responde a nuestras actitudes mentales correctas y, aún más, a nuestras actitudes espirituales correctas. El cuerpo responde a nuestro sentimiento de fe; toma la idea de perfección, porque es su estado correcto y natural.

Las funciones del cuerpo se llevan a cabo fácilmente según estamos dispuestos a confiar en el poder que está en todas las células para vida y perfección. Nuestro sentimiento de libertad y felicidad acerca de nosotros mismos ayuda el fluir de curación, mientras que la ansiedad en cuanto a nuestro estado de salud puede perturbar y afligir el trabajo natural del cuerpo.

La realización de la imagen y semejanza

La fundación verdadera de toda curación efectiva es la comprensión de que Dios es Espíritu y la persona, Su creación, es Su imagen y semejanza y, por tanto, espiritual. Tal concepto de Dios da a la persona un punto de contacto que nunca está ausente; ella está siempre en la presencia del Padre y tiene siempre Su ayuda. Dios nunca está ausente de Sus creaciones. El es la fuente perpetua de todo bien; podemos depender de El siempre. La persona es la que debe aprender a hacer contacto con El en toda necesidad.

Nuestras ideas erróneas de Dios y nuestras ideas de insignificancia personal son las que construyen la muralla mental que nos separa de Dios. Se nos ha enseñado que Dios es un monarca poderoso con ciertas características dominantes cuya voluntad es que estemos enfermos o saludables, que El es de tal majestad que la persona no puede concebirlo. Debemos desechar esos conceptos erróneos y hacer que el espíritu, el alma y el cuerpo trabajen en armonía. Tenemos que asirnos al concepto de Dios como Principio activo y eterno, substancia que provee todo, y no como algo que va y viene. La provisión de todo el bien es ilimitada; sólo debemos cultivar el hábito de apropiarla.

La salvación por medio de Jesucristo no se alcanza esperando la libertad, sino comprendiendo que somos libres ahora a través de Su poder liberador. Solamente tenemos que establecernos en la vida y fortaleza verdaderas al comprender que los atributos del Ser son omnipresentes, y nuestras afirmaciones de esa Presencia causarán que comprendamos que vivimos, nos movemos y tenemos nuestro ser en la vida y fortaleza eternas, aquí y ahora mismo.

Viendo como Dios ve

Depende de nosotros aceptar la perfección que Dios nos ha dado, echar a un lado los errores del pasado y las sugestiones falsas, y fijar toda nuestra atención en el Creador de nuestro diseño interno de perfección. Este es el secreto del éxito en todos los tratamientos espirituales. Debemos llevar todas nuestras actitudes mentales, los centros de nuestras conciencias, y hasta nuestras estructuras físicas, a ese lugar elevado en la Mente Divina donde vemos como Dios ve. Con esta actitud espiritual podemos poner nombre a todo lo que está en nuestro ser de acuerdo con las normas del Espíritu; podemos usar esas cualidades del alma para manifestar correctamente sus verdaderas posibilidades creativas. El flujo y reflujo del pensar positivo produce una esencia de vida magnífica que fluye a través de los nervios y revitaliza todo nuestro ser.

La ley de la curación espiritual implica receptividad total de parte del que está bajo tratamiento. Dios no hace nada en nosotros en contra de nuestra voluntad.

Cuando estamos enfermos, es evidente que hemos soltado nuestro asimiento de los dones de Dios. Hemos cesado ávidamente de apropiar, asimilar y emplear la vida del Espíritu con nuestros pensamientos, palabras, acciones y hábitos de vida.

Al buscar el camino de la curación hemos de orar por la comprensión de nuestra unidad con Dios, y reclamarla. Hemos de estudiar esta relación, de modo que podamos saber cómo asirnos de la vida, inteligencia, substancia y amor de Dios, y formar éstos en nuestras almas y cuerpos para poder perfeccionar nuestra expresión.

Tú vives en Dios; Dios vive en ti. La vida por la que oras está aquí, en ti ahora. La curación por la que has orado ya se ha logrado, porque eres uno con el poder sanador de Dios, ahora mismo.

La persona enferma tal vez ore para que Dios se manifieste como su salud, pero si su comprensión de lo que es salud se limita al cese de un dolor, la contestación a la oración se limitará a la eliminación del dolor, y la salud no encontrará una vía libre para manifestarse en la vida de la persona. No pidas curación de un síntoma o de una enfermedad en particular; pide que se manifieste en todo tu ser la perfección que es tu estado natural. El camino para una manifestación más completa es dejar que Dios sea la conciencia, deja que El sea la vida en ti. Sé receptivo a Su vida; no limites o bloquees su fluir.

Curación ahora

¿Tiendes a creer en tus oraciones por curación que ella ha de efectuarse en el futuro? ¿Has orado por fortaleza para soportar tu sufrimiento ahora y esperar curación algún día, de algún modo? Entonces, has estado limitando el poder sanador de Dios en ti. Déjalo que se manifieste al afirmar vida en todo tu ser. Declara: "Soy Espíritu, y el Espíritu no puede enfermarse".

Actúa ahora; *ahora* es el momento de empezar tu curación. Reconoce que ya estás curado, y comienza la manifestación ahora. El poder sanador de Dios trabaja a través de ti ahora y siempre.

No preguntes: "¿Cuándo sanaré?" No limites el poder de Dios pensando que no puede llegar ahora. No Le niegues al pensar que alguna condición está más allá de Su ayuda; que algunas necesidades de curación son demasiado difíciles para El. Toda la vida sanadora que hay, está presente contigo y en ti, ahora mismo. No permitas que ninguna sensación de enfermedad te ate o postergue. Eres libre para dispersar toda desventaja o limitación negativas. Eres Espíritu, libre para actuar ahora.

El hombre o la mujer de Dios son saludables, vigorosos y enérgicos. Debemos darnos cuenta de esa verdad antes de que pueda manifestarse. La realización espiritual de salud es el resultado de mantener en la conciencia una declaración de verdad hasta que la lógica de la mente quede satisfecha y la persona recibe la seguridad de que el cumplimiento en el plano físico debe seguir. Al comprender una oración por curación, la persona se apodera del principio de salud y toda su conciencia se ilumina; el principio (Dios) y la persona resuelven juntos los retos de salud. Dios es poder; el ser humano es poderoso. Dios es esa reserva indescriptible de energía almacenada que no manifiesta potencia alguna hasta que la conciencia de la persona la active, mas posee una capacidad inagotable que no se puede definir con palabras. Dios es ese poder que crea, renueva y manifiesta perfección. Cuando estamos llenos de fe y cooperamos con el principio restaurador de nuestro ser, la obra de renovación divina nunca cesa su actividad en nosotros. Dios busca siempre restaurar armonía, fuerza, vida y perfección en lo que ha creado. El asirnos a pensamientos como esos y comulgar con la Presencia moradora en el silencio ofrece al Cristo sanador en nosotros la mejor oportunidad posible para hacer Su trabajo rápidamente. Si pudiéramos permanecer en armonía siempre con la ley natural, nuestros cuerpos, que tienen la capacidad natural para renovarse, nunca se desgastarían.

La verdad del Ser

En su relación correcta, la persona es la entrada y salida de vida, substancia e inteligencia omnipresentes. Ella ocupa un lugar en el movimiento universal, pero ni lo controla ni lo determina; debe armonizarse con él. El ser humano debe armonizar su vida conscientemente con la vida de Dios, su inteligencia con la inteligencia de Dios y su cuerpo con el "cuerpo del Señor". Entonces, y sólo entonces, se relacionará correctamente con el universo. La Mente de Dios está en orden eterno y perfecto. No debemos orar para que El cambie y responda a nuestra necesidad humana, sino más bien para moldear nuestra conciencia de acuerdo con Su perfección. Espiritualmente, la persona es la idea de Dios de Sí mismo según El se ve en lo ideal. Físicamente, la persona es la ley que lleva a cabo esa idea. Todos estamos mentalmente relacionados con ese gran Espíritu creativo que infunde Su vida en nuestras mentes y cuerpos cuando le ponemos nuestra atención. Nos hemos desviado mentalmente de este Espíritu creador o Padre-Mente y hemos perdido contacto con Sus corrientes dadoras de vida. Jesús hizo la conexión por nosotros, y por El comenzamos de nuevo a obtener vitalidad de la gran Fuente Suprema.

Debemos aprender a usar correctamente lo que tenemos. Nuestra devoción a lo espiritualmente supremo, sin olvidar lo físico, resultará en un despertamiento que nos dará luz, paz y liberación. Al usar las ideas correctas, la persona puede manifestar toda forma que desee. Lo que llamamos *vida* tiene su origen en una idea de acción. Lo que llamamos *inteligencia* tiene su origen en una idea de conocimiento. Todas las manifestaciones tienen su origen en alguna idea en la mente. La única limitación es el pensamiento negativo del hombre.

Aplicando ese razonamiento a la conciencia individual, vemos cómo el pensamiento lleva el cuerpo de la persona a la enfermedad. En vez de basar su pensamiento en lo que es verdad en lo absoluto del Ser, la persona lo funda en las condiciones según aparecen en las formas a su alrededor, y el resultado es discordia en el cuerpo físico en innumerables maneras. Cuando el paciente capta la visión de su perfección en el Espíritu, la curación ha de resultar con seguridad. Su cuerpo puede parecer enfermo, mas esa apariencia cambia pronto a salud. En ningún momento debemos permitir que la apariencia de enfermedad nos desvíe del propósito de saber y aplicar la Verdad.

La manera de establecer el orden divino en nuestras vidas es por medio del estudio y la aplicación de los principios de la Verdad. Nosotros como individuos perdemos salud, paz mental, u otros estados deseables, por no saber cómo identificarnos con Dios el Padre, emplear los dones que nos ha dado y dejar que el Espíritu se exprese a través de todas nuestras facultades y poderes. Debemos reconocer a Dios como omnipresente, como la vida misma de la cual tenemos nuestro ser, como la inteligencia innata que está presente en toda célula y nervio del cuerpo. Cierto grado de estudio y adiestramiento se requieren para la expresión correcta de nuestra triple naturaleza. Si deseamos el uso pleno y libre de nuestros sentidos y órganos, debemos echar mano a las causas de las inarmonías, removerlas y establecer un modelo y plan de acción nuevos y perfectos. Hacemos esto al recordar que somos hijos de Dios, que El nos ha creado perfectos, y hay una ley establecida en nosotros que nos mantendrá desarrollándonos armoniosamente si la reconocemos.

Preguntas de ayuda

1. Define "pensamiento constructivo".
2. ¿Cómo es el hombre un ser triple?
3. ¿Cuál es la función de las afirmaciones?
4. ¿Por qué es el punto de vista espiritual correcto tan importante en la curación espiritual?
5. ¿Cómo establece el hombre el orden divino en su vida?

Notas personales

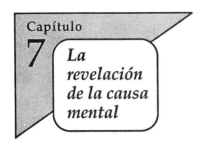

Capítulo

7

La
revelación
de la causa
mental

La substancia del pensamiento universal registra y transcribe hasta la vibración más tenue del pensamiento. Si consideramos la salud y la enfermedad como iguales, la substancia del pensamiento de nuestras mentes las avivará con fuerza semejante. Notaremos que estamos creyendo que la enfermedad es tan real como la salud, y mucho más contagiosa que ella.

Sin embargo, un análisis rápido de la relación entre la enfermedad y la salud muestra que la salud es la condición verdadera, la que Dios ha dado, y la enfermedad es lo irreal, lo anormal, lo que todos deseamos evitar. La Verdad no sólo nos muestra la realidad esencial en todas las cosas; ella muestra, además, que nunca nos escaparemos de lo irreal siempre que permitamos que nuestros procesos mentales le den poder. Si vemos la enfermedad como desprovista de realidad y declaramos que la salud es espiritual y permanente, el Espíritu dará testimonio con nuestro espíritu y demostraremos salud.

Distinguiendo la verdad del error

La fase subconsciente de la mente domina todas las funciones del cuerpo ya estemos dormidos o despiertos, conscientes de ellas o no: la respiración, acción del corazón, circulación, eliminación, etc. El subconsciente registra todo lo que pensamos o creemos, ya lo queramos o no. Le damos órdenes y él las lleva a cabo. Debemos elegir con cuidado los pensamientos y emociones que deseamos que el subconsciente realice. La fase consciente de la mente debe aprender a distinguir entre la verdad y el error, a reconocer la falsedad de las condiciones de enfermedad y no reportarlas al subconsciente como "verdaderas". La salud y perfección es lo único verdadero.

Tu cuerpo recibe instrucciones vitales del Espíritu, pero también acepta tus sugerencias personales. Cuando le dices que estás cansado, te lo cree. No tienes que decir: "Cuerpo, estás cansado", ya que con el pensamiento subyacente en tu mente, la idea de que tu cuerpo es material y está sujeto al cansancio, quiere decir que le haces esa sugerencia.

Los pensamientos son cosas; ellos ocupan un lugar en la mente. Un estado mental saludable se alcanza y sostiene cuando el pensador deja ir voluntariamente los viejos pensamientos y acepta lo nuevo. La acción de la mente sobre el cuerpo es, en ciertos aspectos, semejante a la del agua sobre la tierra. Vivir viejos pensamientos una y otra vez mantiene cerrada la entrada de los nuevos pensamientos, y luego comienza la cristalización.

Un cambio en la norma mental

Debemos aprender a acudir a la mente por causas. Los médicos dan por sentado que los gérmenes de la enfermedad existen como una parte integral del mundo natural; el metafísico ve los gérmenes que producen enfermedad como el resultado y la manifestación de la cólera, la venganza, los celos, el miedo, la impureza y muchas otras actividades mentales. Un cambio de pensamiento cambiará las características de un germen. El amor, el valor, la fortaleza, la paz y la buena voluntad formarán buenas características que construirán estructuras corporales de la misma naturaleza que esas cualidades mentales. Si piensas en ti como algo inferior al hijo perfecto de un Padre-Madre perfecto, disminuyes tu norma de pensamiento y cortas el fluir del pensamiento de la Mente Divina. "Sed, pues, vosotros perfectos, como vuestro Padre que está en los cielos es perfecto."

Nuestros antepasados, las creencias aceptadas comúnmente por la raza, y otras muchas fuentes, han formado pensamientos erróneos sobre Dios y el hombre y estos han sido atraídos por el subconsciente y guardados allí, así como los pensamientos erróneos del individuo mismo. Después que los errores se han almacenado en el subconsciente, se manifiestan en el cuerpo como enfermedad, posiblemente mucho después que la fase consciente de la mente los haya olvidado. El balance natural de las fuerzas de vida en el cuerpo puede ser desviado por las emociones negativas. Esos sentimientos pueden causar congestión en una parte del cuerpo, tal como la congestión de un resfriado que es el resultado del temor al aire frío. No disipamos la ansiedad, la tensión, la depresión o el temor sin ir a la causa y vencerla.

Esto significa el reconocimiento de parte nuestra de que las emociones y sentimientos negativos en nosotros son el resultado de la sensación de separación de Dios. Cuanto más nos volvemos a Dios en la oración y nos establecemos en una conciencia de unidad con El, tanto más sentimos balance, aplomo y paz. Dios está siempre con nosotros; sólo debemos actuar con ese conocimiento y usar nuestra fe. No importa la causa de la apariencia de lo negativo, el volver nuestra atención hacia Dios y estar dispuestos a hacer todo ajuste en la vida diaria que sea sabio y amoroso con relación a nuestro cuerpo, pronto mitigará toda tensión y congestión, y permitirá que el libre fluir de vida renueve los nervios y estructuras del cuerpo. El cuerpo responde a los cambios de parecer, y cuando esto es acompañado por hábitos de vida realmente sabios, la conformidad a las ideas verdaderas de vida, poder, amor, substancia e inteligencia lo renovarán y perfeccionarán.

Toda forma en el universo, toda función, toda acción, toda substancia —todas ellas tienen una parte pensadora la cual es receptiva al ser humano y éste las puede controlar. Toda molécula tiene tres aspectos: inteligencia, substancia y acción. La molécula sabe donde quiere ir, tiene forma y se mueve. La persona puede dominar la materia por medio de esta inteligencia, puede disolver cosas al negar su existencia y construirlas al afirmar su presencia.

Si la persona declara la espiritualidad de su ser, ésta se manifestará en un cuerpo perfecto; si la persona cree en lo material y lo afirma, será agobiada con un cuerpo material, sujeto a enfermedades físicas. Muchos creen hoy día que la gran mayoría de las enfermedades son causadas por las emociones. Nos envenenamos al preocuparnos por empleo, salud, seres amados, prosperidad o la carencia de ella. Cuando nos entregamos a períodos prolongados de preocupación, resentimiento, tensión o temor, invitamos específicamente la congestión física y la enfermedad. Por lo general, no tenemos que esperar mucho tiempo para que nuestra invitación sea aceptada. Podemos ver y sentir en realidad el efecto del miedo y el odio al tener calambres en el abdomen, nebulosidad en la visión, falta de aliento y excesiva palpitación.

Permanece en Dios

"Confía en Jehová, y haz el bien;...Deléitate asimismo en Jehová, y él te concederá las peticiones de tu corazón." En otras palabras, deja de pensar y preocuparte por lo que te sucede y lo que sucede a tu alrededor, y comienza a pensar en Dios. Deja que El estabilice y domine *tus* actitudes y reacciones que suceden *en* ti. No luches con el error, la injusticia y la lobreguez aparentes. En vez de eso, regresa a la fuente. No permanezcas en el problema; permanece en Dios.

Si una persona piensa en el poder del pecado (piensa en el error), forma y da fuerza a esa creencia hasta que la envuelve en el remolino de la substancia de su pensamiento. Ella olvida su origen espiritual y ve solamente lo humano. La persona se ve a sí misma como pecadora, más bien que como la imagen y semejanza de Dios.

El hombre ve, también, la ley de sembrar y cosechar, y teme sus pecados y los resultados de sus pecados. Entonces el temor a la ley divina se añade a sus cargas. La manera de salir de ese laberinto de ignorancia, pecado y enfermedad es por medio de la comprensión de la persona de su verdadero ser, y luego el perdonar o renunciar a todo pensamiento de la realidad del pecado y sus efectos en el cuerpo.

Todo pensamiento que no se basa en la Verdad, no tiene realmente ninguna existencia, de modo que si creemos en enfermedad, creemos en algo que no tiene substancia o realidad.

Cuando reemplacemos esa creencia con la convicción de que somos uno con el Padre, expresaremos pronto Su salud perfecta.

Dios nunca se ausenta de nosotros. El toma forma constantemente en nuestras vidas de acuerdo con la norma exacta de nuestras palabras, pensamientos y acciones. Tan pronto como traigamos nuestras palabras y expectaciones al nivel del amor de Dios por nosotros, así lo demostraremos. Tenemos el poder de cambiar condiciones y expresar nuestra naturaleza divina. Manteniendo la atención centrada en la Mente de Cristo, podemos ver más allá de las apariencias al impulso del espíritu, que nos estimula siempre en nuestros esfuerzos por usar lo que Dios ha dado. Al grado que dejemos que el Cristo sea exaltado, en ese mismo grado nos desharemos de lo que hayamos declarado incurable.

La persona total

La curación verdadera tiene tres aspectos: espiritual, mental y físico. Una persona no puede estar verdaderamente completa si hay algo mal en uno de ellos, porque todos están vinculados intrínsecamente. El ser humano ha sido tratado por mucho tiempo como una dicotomía o una tricotomía; siendo guiado a pensar que está formado de tres o más entidades precisas. Debe ir al médico para curar su cuerpo, a un psicólogo o psiquiatra en caso de problemas mentales o emocionales, y a un ministro, rabí o sacerdote por curación de problemas del alma o el espíritu. Hay una gran necesidad de comunicación entre las tres áreas de curación, porque ninguno de esos aspectos puede ser curado sin afectar los otros.

La persona es una, no tres. El espíritu, la mente y el cuerpo no son entidades diferentes que requieren especialistas para su cuidado y tratamiento. Los sanadores que tienen más éxito son los que tratan a la persona total, como los doctores que recomiendan la oración como suplemento espiritual, así como los que practican la curación espiritual pero no se oponen al tratamiento médico para aquellos por quienes oran, por considerarlo muy necesario en ciertos estados de conciencia.

Sigue siendo, sin embargo, que el tratamiento espiritual superior que el hombre conoce está basado en las palabras: "Tú guardarás en completa paz a aquel cuyo pensamiento en ti persevera". Todas las funciones naturales y sanadoras de tu cuerpo tendrán balance perfecto si tu mente permanece en Dios en una conciencia de amor, fe y paz.

El punto de vista espiritual

La salud gozosa y radiante es el resultado de mantener el punto de vista *espiritual* correcto, mediante el esfuerzo continuo para desarrollar las facultades y cualidades del alma, y el reconocimiento diario del *cuerpo* como el templo de Dios y la estructura que el Espíritu y el alma construyen. Todo esto nos mueve a dar atención cuidadosa a las necesidades del sistema.

El cumplimiento de la ley es triple: espiritual, que mantiene a una persona segura de su libertad en Dios y libre de toda ansiedad, preocupación, temor y carencia; mental, que le da la inteligencia que le capacita a hacer siempre lo que promueve salud y éxito; física, que establece hábitos que le permiten usar correctamente todas sus facultades, poderes, y la energía de vida y substancia por medio de su cuerpo. Una persona no puede cultivar uno de esos aspectos y olvidar los otros, porque la debilidad, enfermedad, inarmonía o imperfección en el organismo son el resultado de dejar de identificarse con Dios, la Fuente divina, y de no comprender cómo asirse a su herencia de los poderes espirituales y expresarlos; de alguna limitación en el desarrollo de las riquezas de su alma; o de alguna ignorancia de los requisitos del cuerpo y hacer caso omiso de la ley divina de vida y salud.

El que recuerda las promesas espirituales de la ley de salud, y vive según ellas, no se preocupará, no buscará manejar los asuntos de otros, o no olvidará alimentar su alma con lo que sea necesario para que continúe desarrollándose en la conciencia del Cristo.

El que está consciente del lado mental de su salud busca mantenerse libre de las limitaciones de la mente de la raza, las opiniones y exigencias de otros, las depresiones y actitudes precipitadas que evitan que las ideas de Cristo encuentren expresión perfecta en sus pensamientos y actos.

El que está resuelto a que su vida física muestre la paz y el orden de la realidad espiritual y de la inteligencia divina, considera su cuerpo y tiene cuidado con lo que le exige; se ocupa en comprender los requisitos físicos y satisfacerlos todos los días.

Es bueno comprender donde hemos cometido faltas: juzgar por las apariencias, aceptar las apariencias engañosas, trabajar en contra del Principio, usar las facultades en modos que el Creador no desea que las usemos. Esos errores y mal uso de las facultades que Dios nos ha dado son la causa de las inarmonías humanas. El cambio de causas también cambia los efectos.

Cuando la persona mantiene su mente a tono con la Mente de Dios, conoce la armonía, el orden, el éxito y la salud constantes. Al seguir la enseñanza de Jesucristo y buscar la guía del Altísimo, ella no permite un pensamiento negativo en su mente. El Creador hace Su obra de restauración continuamente en toda Su creación, especialmente en todo hombre y toda mujer, porque El pone a todos Sus hijos en el mundo para manifestar Su perfección. Cuando aprendemos a cooperar con este Espíritu de restauración todopoderoso, nada puede impedir que la salud que nos pertenece por derecho divino se manifieste.

El ritmo y la armonía natural

Decide unirte a Dios por medio del Cristo. Armonízate con El, y todo tu mundo se armonizará. Mantente alerta a la armonía en todas partes. No exageres las diferencias aparentes. No mantengas divisiones triviales, sino declara continuamente la única armonía universal. La salud perfecta viene cuando recobramos la armonía con el plan de Dios al poner en orden nuestros pensamientos. Cuando afirmamos curación, debemos levantar nuestros pensamientos sobre el mundo de los sentidos de modo que nuestro pensamiento no permanezca en las condiciones negativas que tratamos de disipar. Debemos dejar que nuestros pensamientos creativos trabajen en el reino de la perfección espiritual, de manera que ellos nos puedan llevar de nuevo a la armonía con la creación espiritual de Dios. Cuando hacemos eso nuestra curación tiene lugar.

En la armonía y el ritmo está el secreto de vida y salud.

Todos los átomos del ser sienten la vibración rítmica

de la vida. Se perciben movimientos precisos en todas las áreas vitales.

Cuando la respiración es natural, respiramos rítmicamente. Todo movimiento natural es ordenado y regular. La persona que encuentra el ritmo natural y se armoniza con él, se expresa con tranquilidad, gracia y libertad, ya sea en el hablar, actuar, cantar, andar o nadar. La persona que viola el orden rítmico interfiere con la acción y reacción armoniosas y de este modo se separa de la fuente de energía y substancia. La persona que está en armonía con el ritmo de las fuerzas naturales tiene la fuerza de todas las vibraciones —las de las mareas, del cambio de estaciones, del día y la noche— trabajando con ella.

Declara diariamente que tu vida y mundo espirituales, mentales y físicos están unificados y que expresas armoniosamente las ideas de la Mente de Cristo en esos tres planos. Ten presente que tu vida física cotidiana puede y debe ser inspirada, feliz y con propósitos determinados, no fatigosa y tensa; nunca es necesario hacer aquello que es dañino o debilitante a cualesquiera de las funciones u órganos para lograr lo que es correcto. A medida que practicas ver mentalmente el plan de Dios para tu vida, encontrarás que tienes más aplomo, harás lo correcto y tu cuerpo será saludable.

La paz de Dios

El primer paso para manifestar salud es aquietarnos. La Mente Divina es serena, ordenada y plácida, mientras que la mente que se deja llevar mayormente por los sentidos es turbulenta, discordante y violenta. Todos estamos sujetos a contracorrientes de preocupación que interfieren con el fluir regular de los pensamientos de Dios en nuestra conciencia. Jesús advirtió a Sus seguidores a no estar ansiosos por lo que debían comer, beber o vestir. Hay una ley natural cuyo propósito principal es cuidar de la familia humana, mas la persona debe cumplir con el orden divino de la Mente creativa antes de poder recibir los beneficios de su herencia natural.

Los metafísicos encuentran que cuando rehusan a que los pensamientos de preocupación, ansiedad, u otras perturbaciones obren en sus mentes, establecen gradualmente una quietud interna que finalmente se vuelve una gran paz. Esta es la "paz de Dios, que sobrepasa todo entendimiento". Cuando esa paz se alcanza, el individuo obtiene inspiración y revelación directamente de la Mente infinita. Esa paz puede lograrse cuando los pensamientos se aquietan: en el sueño, la meditación, o en una profunda relajación.

La salud espontánea

Nuestro estado correcto y natural es estar bien y ser fuertes. La gente probará casi todo lo que promete darle más vida y vitalidad, porque tiene una creencia instintiva en la salud.

Mientras todos nosotros deseamos vida y salud, algunas veces ese deseo es nublado y hasta es reemplazado por nuestro deseo de ser amados y comprendidos, por nuestro deseo de que nos cuiden, y nos den atención. Si hemos estado rodeados de mucha atención y amor debido a enfermedad y hemos dependido de otros, nuestro deseo de curación y volver a una vida normal y de responsabilidad puede disminuir. Sin estar conscientes de esto, puede que aceptemos la enfermedad como un modo de vida. Tal vez algunas personas se enfermen porque consiguen las cosas que ellos creen que no podrían obtener de ninguna otra manera: atención y amor, alejarse de la presión o trabajo, evitar algo que no desean hacer. Esas personas han invitado sus enfermedades y se han asido a ellas sin estar conscientes de hacerlo. Pero ellas tienen conflicto en lo más íntimo de sus seres, porque el deseo de vivir y ser fuertes y libres es mayor que el deseo por la comodidad y conmiseración.

La voluntad de vivir

Todos tenemos la voluntad de vivir, y no somos felices o tenemos paz con nosotros mismos cuando no expresamos la voluntad de Dios en nosotros. Aunque todo el mundo nos alaba por ser pacientes bajo el sufrimiento, deseamos más que paciencia; queremos vida, la vida abundante que Jesús prometió.

Hay muchas razones para que una persona tienda a desarrollar una conciencia de enfermedad. Tal vez la hayan protegido excesivamente en su niñez. En algunas familias se habla mucho de gérmenes, enfermedades y peligros físicos. Hay mucha publicidad en los periódicos, radio y televisión sobre varios desórdenes tales como los dolores de cabeza y resfriados. La discusión sobre las llamadas "enfermedades hereditarias" establece la pauta para el desarrollo de ellas más tarde. Debemos tener cuidado de no detener nuestro pensamiento en un temor o una enfermedad en particular, porque el pensamiento puede traer a manifestación exactamente lo que tememos. No reclames enfermedades o la inclinación a ellas para ti y los tuyos.

Cuántas veces nos han dicho que tengamos cuidado —cuidado de no permanecer con los pies mojados, de no sentarnos donde pase una corriente de aire, de no acercarnos mucho a la gente que no se siente bien, cuidado con lo que comemos y con las horas que dormimos. La ciencia médica investiga continuamente las formas de prevenir enfermedades. Se desarrollan inmunizaciones; se hace cirugía correctiva; se recomienda la reducción de peso; se nos aconseja hacer ejercicios —todo como medidas preventivas. Más que nunca antes, hoy día la gente trata de alimentarse correctamente y añadir vitaminas y minerales a sus dietas. La mayoría piensa en la prevención desde el punto de vista físico, pero pocos han pensado en la prevención desde el punto de vista espiritual. Es fácil, sencillo y comprensivo considerar la perfección espiritual como el objetivo.

Si necesitamos curación, ¿qué es lo importante: la temperatura, la frecuencia del pulso, y así sucesivamente, o la curación? Lo que nuestros pensamientos y nuestra atención recalcan establece una diferencia en la curación. Los que tratan a los enfermos dicen que algunas veces sus pacientes se dejan enredar tanto por los síntomas, los dolores, la manera de sentirse hoy en comparación a cómo se sentían el día anterior, que se retiran a un mundo limitado donde el cuerpo y sus demandas reciben toda su atención.

El templo de Dios

¡Qué diferentes nos sentimos cuando pensamos en nuestros cuerpos como el templo de Dios, como la morada verdadera del Espíritu Santo! ¡Cuán diferentes nos sentimos cuando comprendemos que hay una sola vida, la vida de Dios, y que ésta fluye a través de nosotros: una corriente poderosa, sanadora, liberadora y purificadora! Tales pensamientos son tan inspiradores y vivificantes que no queremos hablar de nada sino de vida. Ya no damos importancia a todo pequeño achaque o dolor. Declaramos vida, nos asimos a ella y la expresamos. Y al hacer eso, ¡nos sanamos!

Preguntas de ayuda

1. ¿Cómo alcanzamos y mantenemos un estado mental saludable?
2. "Las emociones negativas desvían el balance natural de las fuerzas de vida." Explica.
3. ¿Qué le puede suceder a una persona que piensa en el poder del pecado?
4. Explica por qué la verdadera curación tiene tres fases.
5. ¿Cómo se debe usar una afirmación por armonía?
6. ¿Cuál es el primer paso para manifestar salud?

Notas personales

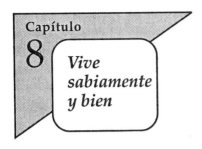

Capítulo

8

*Vive
sabiamente
y bien*

Recuerda que hay una inteligencia amigable y amorosa en tu cuerpo que lo vigila día y noche, manteniéndolo en buen estado y observando que sus órganos funcionen debidamente. La actividad de esta inteligencia nunca cesa, porque ya estés despierto o dormido, ella trabaja constantemente, reparando tejidos rotos, limpiando la sangre, eliminando desechos, uniendo huesos si esto es necesario, digiriendo alimentos y haciendo fluidos químicos. Esta inteligencia es una fuerza que limpia, lubrica y coordina las partes del cuerpo y también lo protege de las fuerzas destructivas que se pueden formar dentro de él.

Este sabio "reparador" es un agente silencioso de Dios en ti, y lleva a cabo la orden amorosa de Dios de que seas un alma viviente con dominio sobre toda la Tierra. Mas no olvides que necesita tu cooperación para hacer su mejor trabajo. Si te preocupas, comes en exceso, te entregas a los placeres, o piensas destructivamente, puedes deteriorar el cuerpo más pronto que lo que se puede restablecer.

Libera tu cuerpo

El comprender claramente que las fuerzas de tu cuerpo son parte del plan de Dios promoverá armonía y salud en él. Practica diariamente entregar todas las

partes y funciones de tu cuerpo a las manos de Dios y
Le ayudarás para que te ayude. Libera tu cuerpo de
preocupaciones, temores y las ideas que has heredado
en cuanto a las debilidades y enfermedades a que se
supone está expuesto. Los científicos nos dicen que el cuerpo se renueva
por sí mismo y que si fuera alimentado propiamente y
no interfiriéramos con sus funciones, éstas continua-
rían indefinidamente. La oración sirve para balancear
el pensamiento y las fuerzas del cuerpo. Cuando éstas
son igualadas, no puede haber anemia en una parte del
cuerpo y congestión o rubor en otra. La oración alivia y
remueve los pensamientos crónicos y adversos. El pensamiento que produce rubor o palidez en el rostro por
unos momentos tal vez sea de poca importancia, pero
el pensamiento de cólera, celos, venganza o desaliento
que mantenga un órgano vital bajo su dominio por
meses o años puede ocasionar gran detrimento a la
salud.

Dios funciona en nosotros simplemente de este modo:
Su obra tiene lugar cuando ya no establecemos pensamientos adversos como barreras. Tus reacciones a las
pequeñas situaciones de la vida te hacen sentir saludable o enfermo en mente y cuerpo. Si tiendes a resistir y
luchar en la mente las situaciones que tienes que enfrentar, encontrarás que estableces un estado de tensión en el cuerpo. Si no eres amigable con las personas
que conoces, tu actitud mental causa un estado adverso
en tu condición física. Si reaccionas cariñosamente, tu
cuerpo físico recibe una bendición amorosa. No hay
nada superficial acerca de esas reacciones; están completamente bajo nuestro dominio. Podemos pensar en
todo lo que queramos y de este modo entrenarnos a

reaccionar constructiva y saludablemente en toda situación. No hagamos resistencia a las condiciones externas o luchemos contra ellas mentalmente. El único resultado de nuestra resistencia será tensión y desarreglos corporales.

Milagros callados

Las duras experiencias en la vida no tienen que forzarnos para buscar la Verdad, pero podemos empezar ahora a poner nuestras vidas y pensamientos en orden por medio de la oración y meditación. De ese modo, evitaremos severas experiencias.

La conciencia espiritual —y con ella, el orden en el cuerpo y la mente— se desarrolla firmemente por medio de la oración y meditación diarias.

Los callados milagros de la oración se manifiestan en muchas formas: liberamos la presión de las tensiones mentales y emocionales al confiar los pensamientos y sentimientos reprimidos a un doctor, amigo, o consejero, o al "escribir una carta a Dios"; la comunión silenciosa con la naturaleza; el ejercicio físico; un pasatiempo creativo tal como tallar en madera, modelar en arcilla, artesanías; el servicio a otros menos afortunados que nosotros. Todas esas actividades sirven para "alejarnos de nosotros", substituir nuestras fuerzas y capacitarnos a hacer contacto con el poder sanador de Dios. Todos estos milagros de la oración se fundamentan en dar de maneras creativas y constructivas. Orar por otra persona es curación para nuestro ser.

La oración abre el camino para que nos aprovechemos de la fuente infinita de la Mente de Dios, para que traigamos a manifestación aquello que ya es nuestro.

La oración consiste en ponernos en contacto con el Espíritu, el método de vencer los pensamientos erróneos; ella libera las energías reprimidas en mente y cuerpo y permite que sean empleadas de modos constructivos.

Oremos para expresar vida

Para tener la mente receptiva siempre al Espíritu, debemos persistir en la oración. La persona que ora por curación debe persistir en esa oración hasta que las murallas de resistencia se derrumben y ella se armonice con las corrientes sanadoras. "La oración de fe salvará al enfermo, y el Señor lo levantará." Cuando la mente confía y tiene fe, está en armonía con la Mente creativa, cuya fuerza fluye a nosotros de acuerdo con la ley de que los semejantes se atraen mutuamente.

El suplicar, rogar, y pedir con agonía, pueden ser obstáculos en la oración, porque los pensamientos turbulentos podrían impedir el contacto con la Mente Divina. Jesús oraba con la confianza y seguridad de que lo que deseaba sería concedido, y esto debe servir de modelo a nuestras oraciones.

Debemos animar y avivar nuestros sentidos. Nuestro organismo puede haber estado dormido debido al desuso y falta de interés vital en la vida —no solamente en comer, beber, dormir y diversión, sino en las cuestiones esenciales que tienen que ver con expresar la vida según la expresó Jesucristo tan plenamente. Si la persona ha de sanarse y mantenerse más joven, vigorosa y alerta, y lista para lo que se exija de ella, debe despertar y salir del sendero trillado, cambiar sus hábitos, apropiar los elementos de vida en los alimentos, la luz del sol y particularmente en las declaraciones de la Verdad.

No solamente debemos creer, sino actuar. No sólo debemos percibir una idea; debemos, también, darle forma al infundirle la substancia de nuestra fe viviente. Hay dos lados en toda proposición: la imagen y la expresión, lo mismo que el Señor Dios formó del polvo de la tierra al hombre de acuerdo a Su imagen y sopló en su nariz aliento de vida. Así, cada uno de nosotros no sólo debe ver la imagen de sus deseos como una teoría, sino que debe, además, darle forma en algo viviente y palpitante a través de todo motivo y acto de su vida. Esto es, si tenemos una idea, debemos actuar tal como si ella fuera parte de nuestras vidas. Debe haber una imagen verdadera de salud perfecta en nuestra conciencia antes de que podamos verla realizada.

La substancia manifestada

El Espíritu en nosotros es fuerza viviente, de ajuste y armoniosa. Debemos acceder a pensar en salud, bendecir el cuerpo y expresar lo que causa que todas las funciones de los organismos trabajen perfectamente. ¡Mas el Espíritu debe tener substancia a través de la cual pueda manifestarse! Debes proveer los elementos manifestados de la substancia y vida que se encuentran en el alimento apropiado, la luz del sol y el aire. Sin ellos, el Espíritu no tendría un medio, porque ellos vienen de lo externo.

Presta atención especial a tus hábitos de vida. Báñate con la idea de abrir millones de pequeñas puertas de la piel para dejar salir los materiales que ya se han usado y dejar entrar la luz del sol y su energía. Come con la comprensión de que provees los materiales divinos que la inteligencia interna usará para nutrir, limpiar y renovar todo el cuerpo todos los días. Hay alimentos para los tejidos musculares, la sangre, las glándulas, la piel, el cabello, las uñas, el cerebro y los ojos. Tanto los adultos como los niños pueden prescindir de hogares propios, de buenos muebles, de automóviles, y de muchos de los lujos que se han vuelto hábitos diarios. Pero todos ellos, grandes o chicos, necesitan tiempo para la tranquilidad, las comidas bien planeadas y dar atención a las pequeñas cosas —pequeñas en sí, pero necesarias para la salud.

No exijas demasiado de tu cuerpo al dar más de lo que has tomado tiempo para recibir. Es mejor escuchar en lo interno la insinuación de que te relajes y recuperes. No fuerces el cuerpo más allá de sus capacidades. Eres eternamente uno con tu Fuente y Creador, de modo que es sólo asunto de aquietarte, calmarte y serenarte. Por un momento aleja tu pensamiento de toda actividad externa, y abre el camino para que el fluir poderoso y abundante del Espíritu vitalice, vigorice y renueve toda parte de la mente, el corazón y el cuerpo. Ilimitado como es nuestro recurso —el Proveedor infinito— debemos aquietar lo mortal para recibir; luego la substancia interna llenará hasta desbordarse nuestro organismo relajado y receptivo.

El amor establece balance

Es posible forzarnos más allá de lo que el alma y el cuerpo pueden soportar, si la sabiduría y el amor no actúan. Uno puede inclinarse demasiado a las actividades intelectuales —trayendo demasiada energía de la sangre y los nervios a la parte superior del cuerpo, sosteniéndola allí y causando congestión y agotamiento. Podemos dedicarnos tanto a aquellas cosas, buenas de por sí, que requieran atención total, que olvidamos los momentos para la relajación y renovación del cuerpo. Podemos dedicarnos a lo que llamamos "trabajo espiritual" hasta el punto de perder nuestra salud. Para ser de mejor beneficio a la humanidad debemos ser justos con nosotros mismos y vivir una vida que aumente nuestra fortaleza, poder y salud, esto es, una vida equilibrada.

Unity enfatiza el dominio de lo físico por lo espiritual. El verdadero control está en vivir de acuerdo con la norma y la ley perfectas. No es el pensamiento espiritual lo que nos incita a abusar del cuerpo. No es el deseo espiritual lo que nos permite comer cuando no sea necesario, o de consumir los elementos alimenticios que no son lo que el cuerpo requiere por el momento. No es el pensamiento espiritual lo que causa preocupación y tensión, o ejerce presión en el cuerpo debido al esfuerzo intelectual.

Deja que la vida fluya

Cuando las actitudes negativas de la mente y del corazón ocasionan depresión, inarmonía física y una sensación de carencia y preocupación, una hora de sosiego para estudiar y orar inundará el alma con luz y paz completamente nuevas. Empezarás a sentir relajación y a dejar que la vida abundante y el amor maravilloso de Dios fluyan libremente a través de ti, restaurando orden y salud. Verás tus asuntos de manera diferente, y te dará gran paz la seguridad interna de que Dios provee, dirige e inspira. Invitarás y te asirás a los recursos que Dios te ha dado, porque en realidad Dios provee para ti, y tus bendiciones no dependen de otros. Puedes usar tus facultades y poderes y manifestar lo que requieres, y estarás en mejor posición al vivir con este propósito determinado.

Continúa orando por fe, porque es a través de la oración que desarrollas todas tus cualidades maravillosas. Las medicinas no te darán curación; ellas son algo tangible en las que pones atención mientras Dios hace Su obra de restauración. "Yo soy Jehová tu sanador." Si necesitas algo visible a tus ojos en lo cual puedas poner tu fe, es mejor estudiar dietética y alimentar tu cuerpo correctamente. El pensar correctamente y comer los alimentos apropiados van de las manos para mantenernos saludables.

No hay razón para que el mecanismo en nuestros cuerpos-templos se atrofie, porque el Creador está siempre activo, restableciendo y renovando Su templo hasta el punto en que lo permitamos. Cuando cooperamos al pensar habitualmente en términos de vida y juventud eternas, fortaleza y salud perfecta, somos renovados momento tras momento. Dios renueva y revitaliza constantemente a todo ser humano.

Nunca es demasiado tarde

Jesús dijo: "'Todo lo que pidiereis en oración, creyendo, lo recibiréis". Aprende a dar gracias con la comprensión de que ya estás sanado. Nunca es demasiado tarde para orar. No importa la necesidad, la condición o el problema, nunca es demasiado tarde para que el poder de Dios se active, para que Su obra perfecta se haga en mente, cuerpo y asuntos. No te permitas creer que hay momentos en que Dios no te puede ayudar.

Jesús, en las curaciones que hizo, nunca dudó que el poder de Dios sana. El dijo: "Para Dios todo es posible". Sabía que no era demasiado tarde para sanar al hombre que nació ciego ni para sanar al que había estado inválido por treinta y ocho años. El habló la palabra de vida. Sabía que donde había fe había oración contestada.

Nunca es demasiado tarde para comenzar de nuevo, para dejar atrás los fracasos y lo negativo. Nunca es demasiado tarde para empezar otra vez con una actitud completamente nueva, para vivir una nueva vida con Cristo.

Pablo dijo: "Y poderoso es Dios para hacer que abunde en vosotros toda gracia, a fin de que, teniendo siempre en todas las cosas todo lo suficiente, abundéis para toda buena obra". Pablo nos dice (y lo probó en su vida) que cuando hay una limitación que parece ser una desventaja, la acción del Espíritu es mayor en y alrededor de la limitación que en cualquier otro punto. Esa es la razón por la cual los obstáculos pueden ser realmente útiles. La persona que tiene un impedimento es bendecida con un enfoque de la inteligencia y energía infinitas activas en ella para recompensarla y guiarla más allá del problema a la normalidad y el éxito. La persona puede (y a menudo lo hace) permitir que el problema la dirija hacia compadecerse de sí misma, el desaliento y la limitación, pero si conoce la Verdad y está dispuesta a que la actividad de la gracia de Dios fluya por medio de ella, entonces nada le será imposible.

La semilla de la ventaja

Estamos aquí para desarrollarnos y crecer, y debemos trabajar con lo que tenemos, no importa lo duro que nos pueda parecer.

En toda adversidad hay la semilla de una ventaja equivalente. Lo único que puede limitarte es tu pensamiento. No permitas que la evaluación de tu situación por otra persona justifique los sentimientos de insuficiencia. No juzgues por la apariencia de tu condición negativa, ten presente que puede ser superada. No aceptes la evaluación de posibilidades que el mundo hace, no te limites, porque en esto es donde radica el problema.

Muchos hombres famosos y de mucho éxito empezaron con desventajas: Napoleón era bajo de estatura y nació sumamente pobre; Demóstenes tenía un defecto en el habla; Norman Vincent Peale se sentía inseguro, tímido e inferior; Abraham Lincoln tenía poca instrucción y era muy pobre; Beethoven padeció completa sordera al final de su vida. Tales hombres demostraron que las desventajas no deben ser obstáculos al éxito. Un impedimento puede motivar a una persona a estar consciente de que existe algo más poderoso que la circunstancia de su limitación. Los impedimentos no han de aceptarse como castigos o la voluntad de Dios. Las cargas del hombre —la pobreza, la enfermedad, la inarmonía, las guerras— no son la voluntad de Dios, ni son la obra de alguna fuerza satánica del mal. Ellas ocurren porque el hombre da poder en su pensamiento a la carencia de prosperidad, salud, armonía y paz.

No aceptes un concepto limitativo de Dios. Su voluntad es salud, victoria y vida perfectas para todas Sus creaciones. La buena voluntad de Dios para ti ahora es que tengas éxito, a pesar de las experiencias o limitaciones aparentes a las que te encuentras atado. Puedes triunfar a pesar de la adversidad y más de lo que tal vez comprendas ahora, la posibilidad de tener éxito podría aumentar debido a la adversidad.

El impedimento en sí no es el problema. La causa de la dificultad es la actitud de la persona hacia el impedimento. Ella se limita al admitir la existencia del impedimento. Una persona sólo puede ser lisiada en su mente.

Compensación abundante

Podemos beneficiarnos con las dificultades. Si en la vida no hubiera problemas, y fuera demasiado fácil y serena, no seríamos motivados a crecer y desarrollarnos. Usa tu limitación no como una excusa para el fracaso, sino como un instrumento para el crecimiento. Dios sólo quiere que crezcamos y nos desarrollemos, que expresemos nuestra potencialidad. El no permitirá que seas retado más allá de tu habilidad innata para vencer. Dios llegará a ser, a través de la desventaja o limitación, una actividad y motivación concentradas que buscan un medio de compensarte con éxito.

La compensación es un fenómeno muy conocido en el campo de la medicina. Han habido numerosos casos en que un riñón se deterioró, y el otro aumentó en tamaño e hizo el trabajo de los dos. Si un ojo es débil, el otro se vuelve más fuerte. Casi siempre las personas ciegas desarrollan bien los sentidos del tacto, olfato y oído. El hombre, físicamente débil entre los animales, usa su cerebro y sus armas materiales para seguir adelante. Por lo tanto, una debilidad aparente a menudo lleva al desarrollo de fortaleza. El amor de Dios por nosotros es tan grande, y Su anhelo de perfeccionarse en y a través de nosotros es tan tenaz, que nunca recibimos la cosecha total de nuestra siembra de error. Recibimos siempre mayor bien de lo que sembramos. Existe una toda suficiencia que iguala y sobrepasa todo reto.

Preguntas de ayuda

1. ¿Cómo alivia la oración los pensamientos adversos crónicos?
2. ¿Por qué es tan importante una vida equilibrada?
3. ¿Qué debemos hacer cuando las actitudes negativas nos causan depresión?
4. ¿Por qué es que nunca es demasiado tarde para orar?
5. "Lo único que puede limitar a una persona es su pensamiento." Explica.
6. ¿Cómo podemos beneficiarnos de las dificultades?

Notas personales

Hay una ley divina de acción mental a la cual podemos amoldarnos y que traerá siempre buenos resultados. Hay, también, un aspecto físico en el funcionamiento de esa ley. El cuerpo y sus necesidades deben tener nuestra consideración. No debemos hacer trabajar al cuerpo fuertemente ni olvidar sus necesidades normales.

Este cuerpo es el resultado de nuestro uso de las facultades y poderes que Dios ha dado. Hemos necesitado tal templo, y el alma lo ha formado. Algunas veces nos olvidamos de que el templo es para el uso del Espíritu Santo. Nuestros cuerpos son partes muy necesarias de la trinidad que compone nuestro ser. No seríamos un ser completo sin ella. Somos la idea del ser divino: espíritu, alma y cuerpo —tres fases en una. Esas tres deben estar unidas para que podamos ser una expresión perfecta del hombre o la mujer ideal de Dios. Al exaltar nuestros cuerpos, viéndolos como la substancia del Espíritu en vez de materia, ayudamos a unirlos a nuestra verdadera naturaleza espiritual. Evidentemente, el alma individual ha sentido la necesidad de tal hogar en la tierra como el cuerpo-templo. Hemos de comprender que el cuerpo, libre de las inarmonías y debilidades impuestas en él por el error, es una parte del plan divino de vida.

Una cosa no es menos espiritual porque haya tomado forma, peso y color. Lo que podríamos llamar "material" es la mala interpretación o combinación errónea de pensamientos y elementos que producen un resultado indeseable. El Espíritu se manifiesta cuando el hombre expresa lo que Dios da.

Las ideas divinas

Nuestras vidas religiosas, hasta ahora, nos han llevado a creer que nuestros pensamientos y nuestras emociones eran todo lo necesario para nuestra experiencia espiritual, que el cuerpo había de ser visto como de poca importancia y no respondía realmente a las cosas sublimes del Espíritu. Lo que debemos esforzarnos por recordar, sin embargo, es que nuestros cuerpos son más que carne y hueso. El cuerpo es un expresión de las ideas divinas de vida, substancia e inteligencia. Si él no tuviera inteligencia, no podría sanar heridas en la piel ni unir huesos rotos; ni podría hacer funcionar el laboratorio maravilloso que digiere alimentos y los convierte en músculo, sangre, hueso, cabello, energía, cerebro, etcétera. Sin inteligencia no podría mantener los latidos del corazón ni la circulación de la sangre aun mientras dormimos.

Aprende a afirmar: "No soy dueño de mi cuerpo: soy cuerpo. No soy dueño de mi alma: soy alma. No soy dueño de mi espíritu: soy espíritu. Y estos tres son uno".

Unidad con el Padre

Jesús llamó el cuerpo el templo de Dios. El dijo que El y el Padre eran uno. Si los dos son uno, luego no hay separación; si son uno, entonces son uno en el mismo cuerpo. Pablo nos dijo que Dios "no habita en templos hechos de mano", y que "el Espíritu de Dios mora en vosotros". Si aceptamos nuestra unidad con el Padre, si creemos que Dios mora en nosotros, entonces empezaremos a cuidar mejor de estos templos físicos, nuestros cuerpos. Sabemos que Dios tiene que expresarse a través de nosotros. Esta es la razón por la cual debemos mantener nuestras mentes, cuerpos y emociones tan sanos y saludables como sea posible, de modo que podamos ser un canal apropiado para Su expresión.

Debemos considerar lo maravilloso que nuestro cuerpo es, cómo funciona con poca o ninguna dirección de parte nuestra, intrincada y perfectamente. Debemos desarrollar hábitos sensatos que ayuden en lugar de obstaculizar su maravilloso trabajo.

¡Aprende a apreciar tu cuerpo! Alábalo y bendícelo, porque es verdaderamente una obra de Dios.

Bendice el cuerpo

Algunas veces el alma está tan ansiosa por lo que desea hacer que tiene la tendencia de descuidar el cuerpo. Esto no es justo para el cuerpo ni para aquellos que deben cuidarlo cuando éste es desatendido. El primer deber nuestro, por lo tanto, es bendecir el cuerpo y pensar correctamente en él, alabar su obra maravillosa, aprender cuáles son sus necesidades y estar dispuestos a atenderlas.

Algunas veces nos volvemos demasiado ambiciosos en algún lugar recóndito del alma, y nuestro valioso cuerpo-templo padece hambre. Luego vienen las experiencias amargas, bendiciones disfrazadas. Porque Dios está ahí en ese cuerpo, y no permitirá que el alma continúe descuidando el cuerpo. El sufrimiento es uno de los medios de volver la atención del alma a su templo. La Mente de Cristo puede dirigir el alma y, de hecho, lo hará para que comience su trabajo maravilloso en el cuerpo de modo que ella pueda continuar con ese vehículo de expresión necesario.

Se nos revela que Jesús inmortalizó Su cuerpo y dijo: "Sígueme". Los pecados humanos fueron los que trajeron la muerte corporal y la redención debe incluir la curación del cuerpo. Cuando la mente se sane de sus pecados, el cuerpo responderá. "Vuestro cuerpo es templo del Espíritu Santo, el cual está en vosotros, el cual tenéis de Dios."

Así encontramos al estudiar y aplicar la doctrina de Jesús que el cuerpo debe ser incluido. La fe en la pura substancia omnipresente precipita la substancia en el cuerpo, y somos transformados.

La vibración visible del Espíritu

Los estudiantes de la Verdad a menudo abrigan pensamientos de conflicto entre los enfoques médicos y espirituales de la curación, mas no debe haber conflicto alguno. Ellos actúan como si creyeran que los doctores y la medicina representaran alguna forma de fuerza maligna. Debemos recordar que la vida es tanto espiritual como física. Lo físico es sencillamente la vibración visible del Espíritu, y la vida que es Espíritu penetra toda cosa viviente.

Las enseñanzas de Unity nos motivan a enfrentar retos de superación, de esforzarnos por alcanzar el objetivo de nuestra perfección divina. Debemos hacer todo lo posible por enfrentar nuestras necesidades aun en el nivel más elevado. Sin embargo, no debemos cometer el error de tratar de convertir a un niño en un adulto de la noche a la mañana. Debemos dar un paso a la vez, con paciencia, y aunque no podamos ponernos de pie y caminar inmediatamente, podemos mantener nuestra vista fija en la meta mientras andamos paso a paso hacia adelante.

El principio es infinito, pero podemos demostrar solamente en el nivel de nuestra fe y conciencia. Es bueno ir hacia adelante con cuidado y lograr lo que somos capaces de alcanzar. Tal vez no podamos dar de comer a una multitud de cinco mil personas, pero podemos proveer alimento a nuestra propia familia.

Los agentes sanadores

A menudo a un consejero espiritual se le hacen preguntas como: "¿Debo someterme a la operación que el médico me aconseja, o debo sólo orar?" "Soy diabético, pero quiero seguir el camino de la oración. ¿Debo rehusar las inyecciones de insulina?" El consejero no puede (y ciertamente no debe intentar) contestar esas preguntas para el estudiante. La contestación está en la conciencia del estudiante. Al éste examinar sinceramente su propio ser, debe buscar el curso correcto para él. Si encuentra en sí una conciencia de Dios, calmada y libre de temor, como su salud perfecta, entonces nadie debe tratar de desviarlo de su determinación de ir hasta el fin en la oración. El puede ser sanado, aunque haya aquellos que digan que las probabilidades son muy remotas. Por otra parte, si aún después de orar, él continúa experimentando un temor profundamente arraigado (y no debe engañarse a sí mismo en cuanto a esto), entonces puede ser que todavía no esté listo para "andar sobre el mar", para seguir adelante en el próximo nivel de conciencia. Su oración podría ser contestada debidamente como guía para obtener alguna forma de asistencia, además del tratamiento de la oración. Una buena declaración que un maestro de Unity usa es esta: "Ve a Dios primero; luego ve al hombre según Dios indica". No importa dónde y cómo se active la energía sanadora en el cuerpo-templo y se incite la vida sanadora para que se exprese armoniosamente, la acción es buena. Hay veces que el individuo necesita, y debe tener, toda la ayuda que pueda recibir.

El poder renovador

A menudo miramos a los hombres de ciencia (y esto ciertamente incluye la profesión médica) como completamente materialistas, si no ateos, en sus actitudes, rechazando todo concepto de la curación espiritual. Sin embargo, un factor fundamental en el cual los médicos basan todos sus esfuerzos, es este: el poder sanador de la naturaleza. Ellos aceptan sin duda el concepto de que la salud viene desde nuestro interior y no tiene que ser fabricada en lo externo. Ellos saben que no son realmente los sanadores. La naturaleza es la sanadora, y ellos sencillamente cooperan por medio de su comprensión de las leyes de la naturaleza. En todo su trabajo, los doctores dependen de ese poder sanador, el poder renovador de vida.

Si se te indica firmemente alguna ayuda externa, no dejes que tu prejuicio en contra de la ayuda material te impida hacer lo que crees que sea mejor según tu comprensión más elevada y práctica. Si tienes una astilla en el dedo, más fácil es sacarla con pinzas que "pensar" cuidadosamente en ello, y el sentido común aconseja sacarla. Si tienes una cavidad dental, y buscas de la ayuda de Dios para satisfacer esa necesidad sin conseguir una mejoría notable, es sensato dejar que el mejor dentista se haga cargo del diente, y lo consideres como un agente de Dios en tu curación. Luego trata de sostener tus pensamientos y las actividades de tu vida —que incluyen mantener los dientes limpios— en buen orden. La mayoría de los estudiantes necesita ánimo, no para emplear ayudas materiales cuando el sentido común indica usarlas, sino más bien para liberarse de la dependencia de ellas. La curación se logra ciertamente en la reacción del paciente a diversos métodos y sólo secundariamente en esas ayudas materiales, y a veces ni en ellas. Y aunque la fe es un gran factor en la reacción humana, algunos de esos métodos son efectivos aun cuando una fe activa no es discernible. Ellos son efectivos, aparentemente, hasta el punto en que actúan como un estímulo a los innatos poderes restaurativos en el organismo del paciente.

La fe sana

Por regla general, los remedios materiales trabajan porque la gente cree en ellos. La fuerza dominante en la curación es la fe. "Conforme a vuestra fe os sea hecho". "Tu fe te ha salvado". "Como creíste, te sea hecho". Tu fe es lo que te sana, no importa si usas o no un remedio temporal. Tu curación permanente y verdadera llega con la espiritualización de tu mente. La fe crística, que mora en el hombre, borra los errores de los pecados de su pasado; el reconocimiento de la Verdad de su ser, por medio de la unidad con su Padre, representa perfección, y, de acuerdo con su fe, él se sana.

Deja ir la preocupación

No te preocupes o sientas culpable si hasta ahora no has logrado sanarte por medio de la oración. Todos estamos en el sendero de la perfección, pero debemos avanzar un paso a la vez. No pienses en tu "fracaso" aparente, pero remédialo por medios médicos si es necesario (tal como usar lentes para corregir la miopía). Esto relevará toda tensión o preocupación sobre la condición y librará tu energía para mejores obras. No sólo eso, tal vez encuentres que la condición que te inquietaba mejora tan pronto como sueltas la preocupación por ella. Un maestro de Unity aprecia muchísimo sus lentes, porque encuentra que ellos no solamente le ayudan a leer mejor, sino que también le ayudan a ser comprensivo y tolerante con alguien que acepta su curación en un nivel inferior a su potencialidad espiritual. No hagas resistencia a una condición tal como la visión imperfecta; no luches con ella, y que no sea el propósito de tu existencia superar esa condición. Déjala ir y da gracias por la destreza del optómetra para corregirla.

Haz lo que puedas, comienza en donde estás, usa la comprensión y fe que ahora tienes. Ve tan lejos como tu fe te lleve. Por medio del ejercicio constante de la fe, te sorprenderás de lo lejos que puedes ir. No te castigues por "fracasar", o te preocupes por lo que otros puedan decir. Es orgullo falso aparentar que eres un ejemplo perfecto de la Verdad sólo para que otros lo vean.

La liberación divina

Al comienzo del desenvolvimiento espiritual, la comprensión divina puede parecer que funciona bajo una luz opaca, que está nublada, confusa, indecisa. Pero en cada uno de nosotros hay una ley espiritual que, si la afirmamos diligentemente, desarrollará en nosotros el poder de usar los atributos de Dios y de comprender su lugar y obra. No siempre es fácil cumplir con nuestros buenos propósitos o demostrar curación. A menudo hemos sido sinceros con nuestros propósitos, mas los viejos conceptos mentales formados por la comprensión limitada resisten la nueva inspiración; ellos tratan de mantenerse firmes. Esta resistencia causa que la conciencia caiga. Se requiere paciencia, perseverancia y diligencia para moldear de nuevo el poder perceptivo y directivo de la mente. Aunque el proceso puede ser lento, es seguro si persistimos. Nuestro problema es reunir suficiente energía, poder, amor, sabiduría y luz pura en nosotros que nos capacite a infundir la liberación divina en el alma, en la carne misma; es despertar poder suficiente para levantar toda la conciencia hasta que veamos con un corazón comprensivo.

El Espíritu de salud sin limitación de tiempo

El concepto del tiempo no existe en el Espíritu, y Su obra empieza exactamente tan pronto como volvemos nuestros pensamientos hacia Dios por curación. Si parece haber una demora en la manifestación de la curación, no te preocupes. La tardanza muestra meramente que debes orar por una comprensión mejor de la ley de curación para que puedas vivir de perfecto acuerdo con ella. El trabajo constante en la oración, meditación y afirmación diarias traerá invariablemente buenos resultados. No pienses en el resultado deseado, sino concéntrate en establecer una mejor fe y una comprensión más clara. Piensa en la Fuente; los resultados vendrán naturalmente.

Dios *es*, eterno e infinito. En Espíritu, ya somos sanos de manera que el transcurso del tiempo es un concepto erróneo. No te preocupes en absoluto sobre el elemento del tiempo; déjalo ir. No esperes o temas una demora. Si la curación no llega inmediatamente, persiste en poner en práctica tus oraciones. Suelta todo temor, y confía en Dios. Escucha en tu interior después de orar, porque Dios entonces puede darte guía que podrías pasar por alto si no eres receptivo.

No hay limitación, tardanza y tiempo en el poder sanador de Dios. Si no somos sanados instantáneamente, la demora y la limitación sólo pueden estar en nosotros, en la inconsciencia de nuestra unidad con la vida eterna y sanadora, ahora en el instante en que decimos nuestra oración. La vida e inteligencia de Dios existen en todas las células de nuestros cuerpos.

El cuerpo responde a todos nuestros pensamientos acerca de él. Cuando nos enfermamos, estamos conscientes de nuestros achaques y dolores, de lo que puede parecer estar mal, y agobiamos más el cuerpo con miedos y preocupaciones insistentes en cuanto a él.

Debemos tener cuidado de dirigir nuestros pensamientos lejos de esos aspectos y en su lugar afirmar vida y fortaleza en todas las partes de nuestros cuerpos.

Renovación continua

El tiempo, en la forma en que lo conocemos, no determina la verdadera curación. Esta no depende de la naturaleza de la enfermedad o su duración. La verdadera curación es de Dios, y es el regreso, en un instante —en la eternidad que es el tiempo de Dios— a la perfección en que fuimos creados. Dios nos creó perfectamente buenos; El aún nos ve en nuestra perfección; no ve las enfermedades, los daños, las imperfecciones. Su amor sólo ve al hijo perfecto de Dios. El Espíritu creador que nos dio vida en primer lugar vierte continuamente vida a través de nosotros, nos renueva y sana continuamente. Nuestros pensamientos no deben permanecer en síntomas o en la negatividad de las condiciones, sino deben conocer y afirmar la vida vigorizadora y liberadora de Dios.

En un sentido muy real somos renovados continuamente —mental, física y espiritualmente.

Tal vez comprendamos que podemos tener nuevos pensamientos y lograr nueva intuición espiritual, pero quizás no podamos aceptar la idea de la novedad de nuestros cuerpos. Si padecemos de una condición calificada de crónica, a menudo dejamos de pensar en términos de novedad y la curación de la condición. Mas a menudo oramos para poder vivir con nuestra enfermedad, y esto sólo obstaculiza nuestra curación.

Si deseamos demostrar curación, debemos poner en orden nuestras vidas, porque si no lo hacemos, la discordia mental y física continuará. Esto se aplica a todo lo que pensamos y hacemos. Todo debe ser puesto en orden. Si afirmamos prosperidad, eso también debe ser puesto en orden con relación al resto de nuestro pensamiento. Podemos declarar vida y prosperidad y, a la misma vez, mantener desorganizados algunos pensamientos. Esto producirá inarmonía en el cuerpo y los asuntos. La falta del arreglo ordenado de los pensamientos es causa de muchas demostraciones tardías de curación.

Preguntas de ayuda

1. ¿Por qué es el cuerpo del hombre un templo?
2. ¿Cómo sana la fe?
3. No debe haber ningún conflicto entre el enfoque médico y el enfoque espiritual de la curación. Explica por qué.
4. ¿Por qué es la fe la fuerza dominante en la curación?
5. ¿Qué debemos hacer cuando la manifestación de la curación se demora?
6. Explica la importancia del orden en la demostración de salud.

Notas personales

Capítulo

10 *El mito del envejecimiento*

La Mente de Dios descansa en una realización perpetua de salud, y aquello que parece ser enfermedad no existe en la Verdad. No hay tal cosa como una "enfermedad" o condición incurable en el sistema. Esas actividades, debilidades, o anormalidades a las que la profesión médica da nombres no son más que los esfuerzos de la inteligencia interna que Dios nos ha dado para tratar condiciones que el individuo ha producido al dejar de reconocerse como el hijo perfecto de Dios y de vivir de acuerdo con la ley divina de vida. Todo lo que no esté a la altura de la norma crística de perfección puede ser cambiado. Todo lo que la idea de la Mente de Dios, expresándose en la mente del hombre, no haya producido, puede ser superado por la aplicación correcta del pensamiento espiritual y la acción espiritual resultante —y esto incluye la enfermedad

La enfermedad no es algo de por sí; es solamente una condición de conciencia. Cuando una persona viene a nosotros con un caso que ha sido diagnosticado por un doctor y ella desea sanarse, oramos por su curación. Si después de haber orado, la persona nos pregunta si ella debe ir a un médico, le decimos que oraremos por su orientación y si es guiada a visitar a un médico, lo haga, pero que continúe orando con nosotros por curación y por guía divina para el médico.

Si el doctor le da un nombre a su condición, la persona no debe concentrarse en ese nombre, debe reconocer lo que le aflige, pero su pensamiento no debe permanecer en su condición ni debe mencionar continuamente el nombre de ella, porque todo aquello que mencionamos continuamente y con convicción, puede volverse parte de nuestras vidas. Nombrar una enfermedad persistentemente tiende a darle un lugar en la conciencia.

El cambio de pensamiento

La receptividad a las ideas perfectas fue el requisito absoluto que Jesús exigió de los que El enseñaba y sanaba. La idea correcta de Jesús en el caso del paralítico quien creía que no podía caminar, fue lo que sanó al paralítico. Jesús, con Su visión perfecta de la Verdad, pudo liberar al hombre de su cuerpo que estaba limitado sólo por el pensamiento erróneo. El demonio que lo mantenía en ese estado era la creencia de que él no podía andar. La curación fue el resultado del discernimiento de Jesús de que el hombre es siempre libre para moverse. El es un ciudadano libre en un universo espiritual. No andamos con nuestras piernas; andamos con nuestras mentes.

La enfermedad es el resultado de nuestro pensamiento limitado. La Mente (el alma) es la única vida del cuerpo, y lo único perdurable en la naturaleza humana.

Un médico señaló que nadie muere de lo que llamamos enfermedad; la persona sólo entra en el estado de muerte cuando su mente pierde su asimiento de la estructura orgánica, y el alma relaja su dominio del cuerpo. El cuerpo se mantiene vivo por el vigor de la mente. Cuando la conexión entre el hombre mental y el hombre físico se rompe, entonces el cuerpo muere. Debemos cambiar nuestros pensamientos para cambiar la condición de nuestros cuerpos.

La vida no tiene años

El Espíritu es eterno e infinito; no tiene edad y no envejece. El alma está en un estado continuo de crecimiento y desenvolvimiento; ésta se amplía y desarrolla continuamente; nunca se termina. La condición humana de "vejez" es un mito.

Como raza, nuestra conciencia ha sido privada por siglos de la unión con nuestra fuente creativa, y el resultado ha sido una disminución gradual de vitalidad hasta que el cuerpo ha perdido la habilidad de mantener sus átomos juntos y, por consiguiente, se ha desintegrado. Así la muerte ha llegado a ser aceptada como una parte algo misteriosa del plan divino. Sin embargo, ciertos experimentos biológicos con células prueban que ellas poseen la habilidad de reproducirse, y esto por lo menos insinúa que hay inmortalidad física. En el verdadero pensamiento de vida, los años no tienen el poder de quitarle a la vida lo que Dios le ha dado. Los años no tienen el poder de hurtar de lo que Dios ha ordenado que sea vida interminable, permanente, perdurable, eterna. "El que cree en el Hijo tiene vida eterna." "Yo he venido para que tengan vida, y para que la tengan en abundancia."

La mente introduce en la conciencia el pensamiento de la edad, a menos que nos mostremos superior a él por la comprensión de la vida incambiable del Cristo en nosotros. La creencia en la vejez dice que en cierta época de nuestra vida el cuerpo empieza a sentirse un poco lento, a subir de peso y a ser menos vivaz. Las estructuras de las células responden a esa creencia errónea, la persona se cansa fácilmente, y el cuerpo trabaja más despacio que antes, o padece de dolores. Todo eso es de origen mental.

Nos limitamos al permanecer en el pensamiento de la muerte. No hay muerte o vejez —la vida en una persona de ochenta años es exactamente la misma que la vida en una persona de cinco años. Debemos dejar de pensar en la vida como una jornada entre dos puntos en una carretera interminable. Este pensamiento subconsciente es el que conduce a la prisa, la tensión y el estrés que restringe el fluir de las fuerzas vitales a través de nuestros cuerpos-templos. La vida es eterna, y vivimos en la eternidad ahora. La inmortalidad no es algo que ocurre después de la muerte física, sino un estado de conciencia ahora. La inmortalidad y la eternidad son realmente las nuevas dimensiones de la vida. En esta región eterna, es decir, en la Mente Divina, concurrente con su experiencia manifestada, el hombre es perfecto más allá de su imperfección, saludable más allá de su enfermedad, inteligente más allá de su ignorancia. En Dios, en la Verdad, en el reino del cielo, la salud, riqueza, armonía y paz son constantes y actuales. Son nuestras hasta el punto en que podamos abrir los ojos para verlas, incitar nuestra fe para creer en ellas y hacer surgir la voluntad para aceptarlas y usarlas.

Cada uno de nosotros puede tener toda la vida vibrante y vital de Dios que puede aceptar y emplear. Lo que se llama comúnmente *vejez* no es la deterioración de la vida, sino el deterioro de nuestra fe y entusiasmo, y de nuestra voluntad para progresar.

La vida es crecimiento

Tú no envejeces. Cuando cesas de crecer, eres viejo o vieja. La ley de vida es crecimiento, no vejez. En realidad, una vida más larga aumenta la oportunidad de vivir a fondo. A una edad avanzada, somos capaces de ser aún más fuertes, felices, saludables que en nuestra juventud, y aun así aceptamos la idea de vejez y cortamos nuestras energías. No hacemos lo que nos mantiene activos y felices porque creemos que somos "demasiado viejos". No nos sentimos felices en lo absoluto con esa tendencia, y con resentimiento, miedo y desaliento es que afrontamos la cuestión de la edad. Mas con el pensamiento y la acción anticipamos, predecimos y decretamos los mismos resultados que lamentamos. La edad puede ser una carga y una forma de esclavitud, pero no debe serlo. Somos siempre lo bastante jóvenes para expresar las cualidades que Dios nos ha dado —vida, amor, alegría y entusiasmo, y cuando nos expresamos de esa manera desarrollamos la vida de Dios, que no conoce límites. Debemos dejar de medir el transcurso del tiempo. Si no tuviéramos los medios para medir el tiempo, no envejeceríamos.

En el idioma inglés hay el siguiente dicho: "Envejecer no es más que un mal hábito que el hombre ocupado no tiene tiempo para formar". La mayor parte de la gente tiene mucho cuidado de comportarse según su edad y como consecuencia limitan su comportamiento. La persona es un ser eterno y está en medio de la vida eterna ahora mismo.

El número de años que vivimos no es importante. La clase de vida que vivimos es lo esencial. Hemos pensado sólo en la dimensión del lapso de los años, pero debemos considerar la dimensión de profundidad. La vida eterna es una cualidad, no cantidad de vida, y toda persona puede tenerla, no importa su edad en años. Un hombre de ochenta años puede ser joven, un hombre de cuarenta puede ser viejo, de acuerdo con su actitud hacia la vida. A una persona no debe importarle su edad. Lo que debe importarle es su desenvolvimiento espiritual y sus logros creativos, y feliz y juvenil es el hombre que se ocupa de sus propios asuntos.

La vida no envejece, ni puede envejecer. Podemos insistir en que nuestra fuerza disminuye y nuestras habilidades decaen, y que aún nuestra salud se vuelve menos estable en el transcurso de los años, pero ese proceso es ilógico y no es la voluntad de Dios, sino es meramente el producto de nuestra expectación y pensamiento erróneo. La vida de Dios que fluye en nosotros a los ochenta años es la misma vida que nos animó, impartió energía y sostuvo en la infancia, a los dieciocho años, y a los treinta. La vida no se debilita; ella es eternamente vital y vibrante. La vida es el fluir perpetuo hacia la visibilidad de la energía ilimitable del Espíritu, y podemos tener tanto de ella como reclamemos.

Vive en Dios

No podemos prometer buenos resultados de la oración cuando la persona vive intencionalmente en contra de la ley espiritual de vida y salud. La juventud y su apariencia atractiva son los frutos de las actitudes jóvenes, ávidas, alegres y amorosas de la mente y el corazón. La naturaleza humana es el retrato de las actitudes fijas de la mente.

Abandona la actitud mental que causa una sensación de carga —la creencia en edad que nos abruma con

110

"años". Vives con Dios, no con años; vives con acciones, no con los números en una esfera de reloj. En vez de pensar: "Me estoy poniendo viejo o vieja", entra en el espíritu del gozo de vivir y amar.

Los cambios físicos pueden contribuir a la sensación de envejecimiento. La persona que no comprende que el cuerpo requiere cierta atención definida día a día a menudo deja de hacer lo que es verdaderamente mejor para el cuerpo. Un error común entre nosotros es que ni hacemos ejercicios, ni descansamos, ni trabajamos, ni comemos y bebemos como deberíamos hacerlo. La curación llegará al tomar la actitud mental correcta acerca del cuerpo, luego seguir diariamente ese tratamiento con hábitos de vida realmente sensatos.

Preguntas de ayuda

1. "La enfermedad es una condición de conciencia." Explica.
2. Cuando buscamos curación, ¿por qué debemos tener cuidado de no mencionar continuamente la enfermedad?
3. ¿Cómo es la enfermedad el resultado del pensamiento limitado?
4. ¿Por qué muere el cuerpo?
5. ¿Por qué es la condición humana de "vejez" un mito?
6. ¿Qué es la ley de vida?

Notas personales

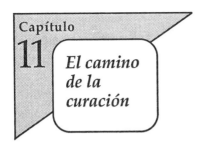

11 El camino de la curación

Todos los métodos de curación se basan en el establecimiento de la unidad de la persona con la conciencia universal. El primer paso en toda curación es el reconocimiento de parte del sanador y de parte del paciente de que Dios está presente como Mente toda poderosa, a la altura de la curación de toda enfermedad, no importa lo grave que parezca. El mejor modo de establecer unidad con la Mente del Padre es por medio de la oración *en tu interior*. Cuando has aquietado los sentidos externos y tienes serenidad, estás en el reino mental donde los pensamientos obedecen la palabra. Debes dejar ir los pensamientos erróneos, y reemplazarlos con pensamientos verdaderos. Niega primero la causa mental, luego la apariencia física. Por ejemplo, la preocupación, ansiedad, y cosas por el estilo, producen nerviosidad. Esas condiciones mentales deben ser sanadas primero; luego el estado secundario que ellas han producido en el cuerpo debe ser negado y disuelto, y la condición perfecta debe ser afirmada.

En el tratamiento metafísico desocupamos la mente de pensamientos opuestos a la Verdad. Llegamos a un lugar donde parece que dejamos ir el pensamiento individual y permitimos que la Verdad de Cristo trabaje a través de nosotros. En la mente de Cristo, la persona existe perfecta, no importa hasta que punto haya aceptado la enfermedad y la manifieste en su cuerpo. La curación depende del grado en que se permita la actividad del Cristo y la persona debe visualizar la obra de purificación, redención y perfección.

Viendo la perfección de Cristo

Niega la apariencia de enfermedad o discordia de toda clase, y comprende que ella es *nada*. Piensa que se disuelve en la nada, y con fe ve la perfección crística establecida en el lugar en que se necesita que la realidad del bien se manifieste.

Borra el error, luego establece el bien. Usa tanto la negación como la afirmación. No dejes que tu pensamiento permanezca en los detalles de las condiciones negativas, porque entonces les das fuerza. No te preguntes: "¿Hay algo en mí que está mal?" porque entonces miras lo que está mal en ti, no lo que está bien. Con fe ve solamente la imagen y semejanza divinas, ve cómo el Padre te creó en el principio: perfecto, iluminado, lleno de fe. No es bueno detener tu pensamiento en las causas de la inarmonía, ya que en lo que pensamos, aún mediante el uso de negaciones y afirmaciones persistentes, se vuelve más y más parte de nuestra conciencia y, por lo tanto, de nuestra experiencia. Niega la inarmonía, luego vuelve tu atención inmediatamente al bien que buscas. Declara que eres un hijo perfecto de Dios, así como El es perfecto.

La negación consiste en echar fuera el error mental y entrar en una relajación consciente en mente y cuerpo. Al intelecto le parece ridículo negar lo que parece obvio. En cierto modo, tal negación es ridícula, porque aunque en su propio plano los resultados negativos pueden ser tan reales como los positivos, lo negativo no es real en la Verdad final y absoluta. Allí no tiene existencia. Es como una sombra que tiene la apariencia de vida y verdad en un plano de sombras, pero en un reino superior se ve que es falsa. Por lo tanto, no resistas el mal o la sensación de realidad que él causa en el intelecto, el cuerpo, o los asuntos humanos. En vez, afirma lo que se comprende tan fácilmente —el gran poder de Dios.

El poder sanador

Al enfrentar una necesidad de curación con la ayuda del cristianismo práctico, aunque tu primer objetivo sea liberarte simplemente de un impedimento, tienes la oportunidad de encontrar algo más grande. Conocer el poder que sana es mucho más importante que hacer tu demostración de curación. Al centrar tu atención en el poder sanador más bien que en la necesidad física, no solamente logras la contestación de tu necesidad, sino que alcanzas también una comprensión de la Verdad.

Las reglas básicas de la curación, ya sea para ti u otros, son como siguen:

No tengas miedo.

No juzgues por las apariencias.

Pon tu atención en la curación más bien que en la condición.

Ten presente que Dios puede sanar y que lo hará.

Espera la curación.

No podemos hacer que la ley trabaje, mas al saber que lo hará, podemos hacer que el proceso de curación se facilite. Toda curación es espiritual; toda curación viene de Dios. Jesús enfatizó una y otra vez que nuestra parte en la curación es tener fe, creer, estar receptivos. La manera de aumentar la fe, creencia y receptividad es por medio de la oración. La oración nos hace receptivos a la vida que siempre ha existido. No hay un método único para la oración efectiva, porque la oración no es una forma, sino una fuerza. Ciertas pautas pueden ser de ayuda:

1) Relájate. Ponte cómodo y establécete en la presencia de Dios.

2) Niega toda creencia en enfermedad y negatividad de cualquier clase. "No hay enfermedad". "No hay dolor".

3) Afirma la verdad de tu perfección, la realidad de Dios. "Hay sólo la vida de Dios fluyendo libremente a través de mí, purificándome, sanándome, vigorizándome, renovándome, restaurándome." Identifícate con la fuerza de vida sanadora; sabe que Dios está en ti.

4) Ten presente la incorporación en tu ser de Dios Mismo, el conocimiento interno de esa Presencia. Llegas a comprender que Dios ha escuchado tu oración; tu fe es justificada y renovada.

5) Da gracias. Entrégate a Dios y deja ir las pequeñeces de asuntos triviales. Alaba al Padre por todo lo que El es.

Unidad con Dios

A veces oramos a un Dios que está fuera de nosotros. El Dios en nosotros es el que libera y sana. Con fe podemos ver a Dios en nuestra piel, ver plenitud en cada parte del cuerpo-templo. Declaraciones positivas de la verdad de nuestra unidad con Dios nos llevan a un nuevo fluir de pensamientos poderosos los cuales nos liberan de las creencias viejas y sus consecuencias. Cuando el alma se levanta y se vuelve positiva, el cuerpo y los asuntos se sanan.

Orar no es suficiente. La oración es uno de los pasos

que debes tomar, pero necesitas de otros pasos. Necesitas pensar que Dios, el Sanador todo poderoso, se encuentra en ti, en cada parte de tu mente, corazón y cuerpo. El declarar amor, poder, vida y substancia, y al mismo tiempo asumir limitaciones inconscientemente, dará como resultado congestiones que se demostrarán en el aspecto físico. Necesitamos poner en armonía nuestras oraciones y nuestros pensamientos con nuestras experiencias.

Ten presente que Dios es vida, abundancia, omnipresencia, eterno e infalible.

Haz una conexión consciente con la vida de Dios declarando tu unidad con ella.

Expresa esa unidad con actividades inspiradoras.

Trabaja para curarlo todo, ya que el cuerpo y la conciencia son inseparables. Enfatiza salud en tus afirmaciones. La curación es un proceso mental, pero para que la curación sea permanente debemos hacer también las cosas prácticas y físicas para cuidar nuestros cuerpos, manteniéndolos limpios por dentro y por fuera, haciendo suficiente ejercicio, e ingiriendo las bebidas y los alimentos correctos, ademas de dormir y descansar. Debemos ser cuidadosos con nuestros pensamientos, nuestras emociones y palabras. Debemos pensar, hablar y reaccionar saludablemente. Tenemos cuidado de no sentir odio, rencor o resentimiento. Mantenemos nuestra conciencia y subconsciencia llenas de ideas saludables. Aun cuando las personas hablen acerca de enfermedades, no participamos en ese tipo de conversación. En silencio las bendecimos y sabemos que cualquier persona en cualquier lugar puede curarse. Mantenemos firme nuestra fe.

Si sufres de algún tipo de enfermedad, como un

resfriado, piensa en el área afectada y repite callada-
mente: "Paz. El amor de Dios trabaja en mí. Mis
fuerzas vitales están en paz y armonía. No ofrezco
resistencia a la vida pura y tranquila de Dios". Callada
y amorosamente llama la atención de las células afectadas y declara la verdad de que son una expresión de la
vida armoniosa de Dios. Piensa que el libre fluir de la
vida de Dios está presente en todo tu cuerpo por igual,
aliviando cualquier congestión. Practica el pensar armoniosamente, establece paz en y con tus semejantes.

Un corazón alegre

Un corazón alegre y sin preocupaciones es uno de
los aspectos de más valor para demostrar salud. El
gozo está ligado a la gratitud y alabanza, y la conciencia
que abunda en gratitud y alabanza nos relaciona con
Dios y nos lleva a alcanzar los impulsos creativos de la
Mente Divina. El gozo estimula naturalmente la corriente de vida en el cuerpo. La felicidad y la salud están
unidas inexorablemente. Cuando te sientes bien can-
tas, y una canción gozosa hace que la vida circule por el
cuerpo. El Espíritu de salud está siempre a la mano
esperando la oportunidad para perfeccionar y armonizar cualquier problema del cuerpo. En cada canción
verdadera hay un pensamiento de gozo. Es ese pensamiento el que cuenta después de todo, porque fue ese
pensamiento el que invitó al Espíritu de curación. El
cantar en sí restaura la armonía de los nervios tensos. El
permanecer en Dios y cultivar pensamientos espirituales te incita a cantar, y hace que cada célula se ponga en
acción, y esas vibraciones entran en las condiciones que
necesitan sanar, no solamente en el cuerpo sino en el
ambiente alrededor. El hablar crea vibraciones dentro

de las células del cuerpo, y cantar hace lo mismo pero en mayor grado. Esta es una ley creativa que toda persona debe saber, y que toda persona puede usar.

"El corazón alegre constituye buen remedio". La risa provee relajación tanto física como mental. Ella contrarresta la rigidez y nos libera de las dificultades que abruman la mente. Sus beneficios físicos son evidentes en la expansión de los pulmones y la activación del corazón. La risa tiene un notable valor social al hacer que una persona sea simpática y se interese en los demás. Por último, ella afecta las emociones, proveyendo un escape emocional lo cual constituye un enfoque sano y alegre. A menudo cuando el gozo entra en la mente, dejamos ir el asimiento a una condición adversa.

Todos los sistemas de curación reconocen el gozo como un factor beneficioso en la restauración de la salud a los enfermos. El uso incorrecto de la mente puede producir peculiaridades en los nervios. Un sentimiento de temor puede detener el fluir de vida a través del cuerpo, causando congestión. Un impacto de energía, como el ejercicio físico, la electricidad, o una emoción de gozo, es necesario para dar fin a una congestión debido al miedo. Suelta el temor, que es causado en la mente, y el problema cesará. La manera más efectiva y directa de tratar el miedo es reírnos.

Podemos sanarnos al cambiar nuestros pensamientos acerca de nuestros cuerpos, al bendecir y alabar la vida e inteligencia en todas sus partes. Puedes alabar y bendecir la manera de salir de toda condición negativa de la mente y el cuerpo. De modo que si encuentras difícil al principio dejar de pensar y hablar en términos de enfermedad, empieza a añadir la idea de bendecir tus pensamientos y palabras. Cuando hay achaques y dolores, entonces ése es el momento de alabar tu cuerpo aún más por la buena obra que hace, por la vida e inteligencia que están en todas sus partes. Alaba tu cuerpo espléndido por su maravillosa construcción y obra perfecta. Puedes alabar un cuerpo débil hasta que se sienta fuerte; un corazón temeroso hasta que sienta paz y confianza; nervios destrozados hasta que sientas aplomo y poder; un negocio que está fracasando hasta que sea próspero y exitoso; la pobreza e insuficiencia hasta que haya provisión y ayuda.

Da gracias aun *antes* de recibir algo. "Y todo lo que pidiereis en oración, creyendo, lo recibiréis." Dar gracias por adelantado manifiesta lo que deseas. La alabanza y el dar gracias liberan la energía del Espíritu que ha sido reprimida, inutilizada, en las células. Ellas liberan la energía que ha de ser puesta en acción por la Mente creativa. Los pensamientos de alabanza y gratitud llevan consigo vida, inteligencia y substancia a aquello que es alabado, vigorizándolo y renovándolo.

El ejercicio de la fe

Jesús exigía fe de parte de los que sanaba, y con esa fe como el punto de contacto mental y espiritual, liberó la energía latente en la estructura atómica de Sus pacientes y ellos fueron restaurados a vida y salud. El sabía que la bendición de salud llega por medio del ejercicio de la fe de parte de la persona que la busca, que la fe abre la mente al fluir del poder supremo y ese poder del Ser supremo sana toda enfermedad del alma y el cuerpo.

Cuando la fe es lo suficientemente fuerte para disolver toda condición adversa y abrir la mente plenamente al poder de Dios, la curación es instantánea. La fe de parte nuestra transforma el deseo y la voluntad innatos en una fuerza activa, un poder vitalizador y sanador. No creemos en forma vaga que debemos estar bien y ser fuertes; nos sostenemos activamente en esa creencia y sabemos que seremos sanados. Decidimos ser sanados y sabemos que lo seremos. Elegimos vivir. Ya no nos preguntamos si la voluntad de Dios para nosotros es ser sanados. No tratamos de hacer que la enfermedad sea una virtud. Rechazamos la creencia en la enfermedad y la creencia de que no podemos ser sanados, y hacemos que todo pensamiento y toda palabra sea una afirmación de vida. Esto es fe en acción —creer en Dios, la vida, la curación, y continuar creyendo.

La fe es la confianza en la mente de que la substancia invisible es la fuente de las cosas materiales visibles. "Es, pues, la fe la certeza de lo que se espera, la convicción de lo que no se ve." La fe capacita a la persona a ver más allá de las obscuras formas de los conceptos falsos —creaciones del ser humano— y ver lo real. Dios vive en cada corazón, y la persona que vive conscientemente en Su presencia llega a una comprensión de los poderes creativos del universo. Ningún pensamiento de enfermedad o destrucción puede entrar en "El que habita al abrigo del Altísimo". Aquí el bálsamo sanador y calmante de la fe divina se vierte, buscando ampliar y avivar la perfección de Dios en toda la conciencia. La fusión constante de la inteligencia con la fe es lo que establece una conciencia de curación en la persona.

La fe en su forma suprema es una idea elevada, y la idea más elevada que el hombre puede tener es que él es espiritual, que está relacionado directamente con el único y gran Espíritu y por medio del Espíritu él puede hacer obras poderosas a través de la fe. Todo puede lograrse por fe. Toda persona puede levantarse del plano físico y sanar todas sus enfermedades al cultivar la fe en Dios por medio de afirmaciones de su poder espiritual. La capacidad de la mente que permite que ella haga contacto con el reino de las ideas creativas es fe, y la fe es una abundancia de entusiasmo. Debes tener tal confianza en tu habilidad para unirte con la Mente creativa que lo haces a voluntad. "Cualquiera que . . . creyere que será hecho lo que dice, lo que diga le será hecho." Aquí Jesús en pocas palabras ha declarado la ley y su cumplimiento. La única razón por la cual no triunfamos siempre en nuestras demostraciones es que no persistimos en nuestro trabajo mental.

Lleno de fe

¿Estás enfermo en estos momentos? Este es el tiempo, entonces, para la fe. Estos son los momentos para recordar que tu cuerpo es el templo del Dios viviente, que las células de tu cuerpo están imbuidas de la substancia viviente, que el poder sanador de Dios es poderoso en ti. "Para Dios todo es posible." Cuando declaras tu fe en Dios como vida, sientes la fortaleza de esa fe, porque la fe en ti es inspirada por Dios y crece a medida que la expresas y usas.

A pesar de la enfermedad, declara tu fe. Bendice tu cuerpo con la comprensión de que toda célula en él es iluminada y radiante con vida sanadora. Declara tu fe en la única vida, la vida de Dios, en el único poder, el poder de Dios. Declara tu fe en el proceso renovador y restaurador de vida que te perfecciona y sana completamente.

Cuando Pedro trató de caminar sobre las aguas para

llegar a Jesús, él se hundió en el mar de la duda. Puso su atención en el mar; vio el lado negativo de la situación, y esto debilitó su demostración. Si deseas demostrar, nunca consideres el lado negativo. Si las montañas parecen oponerse a que lleves a cabo tus planes, di con Napoleón que no habrá Alpes. La persona cuya fe está bien cimentada no mide sus pensamientos o actos con la norma de los hechos del mundo. Los que tienen comprensión espiritual saben que ciertas cosas existen en el Espíritu y ellas son importantes y reales para la persona que permanece, piensa y vive en la fe.

Debemos asirnos firmemente a nuestra fe para que ella pueda lograr sus propósitos. Muchos han aprendido a asirse a la verdad en cuanto a la salud en medio de apariencias muy adversas, y comprenden claramente que no dicen falsedades cuando niegan la enfermedad y hacen frente a la apariencia. Niega el mal genio, la vanidad, el egoísmo; afirma la generosidad, pureza, rectitud e integridad del ser más elevado en ti. Las personas que están avivadas espiritualmente pueden hacer muchas y mayores obras a través de la ley de fe que aquellas que están envueltas en la conciencia material.

Preguntas de ayuda

1. ¿Cuál es la mejor manera de establecer la unidad con la Mente del Padre?
2. Discute el uso de negaciones y afirmaciones en la curación.
3. ¿Cuáles son las reglas básicas de la curación? Enumera las pautas para la oración eficaz.
4. ¿Cuál es el modo más eficaz y directo de tratar el miedo?

5. ¿Por qué es necesario ejercer la fe para ser sanado?
6. "El tiempo de enfermedad es el tiempo para la fe." Explica.

Notas personales

12 Tratamientos para enfermedades específicas

Las causas mentales de la enfermedad son tan complejas que es imposible señalar en todos los casos lo que causó la enfermedad, pero hay ciertas funciones básicas, y, cuando una de ellas se afecta, ésta a su vez afecta a todas las demás. Casi todas las personas enfermas carecen de fuerza vital, por consiguiente un tratamiento de vida es bueno para todos. Una afirmación favorita es: "Verdaderamente chispeo con fervor y entusiasmo y sigo adelante con una gran fe poderosa para hacer las cosas que deben ser hechas por mí". El odio, el rencor, los celos, la malicia y sentimientos parecidos son universales en la conciencia humana, y un tratamiento de amor sería un bálsamo sanador para todos. El temor a la pobreza aflige a la mayoría de las personas, y un tratamiento de prosperidad sería efectivo para aliviar los síntomas que produjo dicho temor. Recuerda que el objetivo de todo tratamiento es levantar la mente a la conciencia de Cristo, a través de la cual toda curación verdadera puede lograrse.

Relájate

Las enfermedades que prevalecen en la región del abdomen —estreñimiento, tumores— son resultado de la constricción de toda la energía del cuerpo. Las facultades que se centran en la cabeza son responsables por el detenimiento de la fuerza de vida. La voluntad, operando a través de la parte delantera del cerebro, controla la circulación de la fuerza de vida en todo el organismo. Una voluntad preestablecida a lograr un fin personal, dirige todo hacia ese fin y limita la actividad de las demás funciones. Las personas que tratan con ahínco de hacer las cosas a su manera hacen que sus cuerpos estén rígidos y tensos. Esto impide la acción libre del corazón, y la circulación se vuelve irregular. La voluntad preestablecida de tener éxito en el campo de acción deseado —estudio, profesión, negocio o ambición personal— sustrae la mayoría de la energía del cuerpo a la cabeza, haciendo que los otros centros carezcan de ella. Relájate y deja que Dios te guíe: "Mas no lo que yo quiero, sino lo que tú" (Mr. 14:36).

Cultiva la paz

La acción del estómago está gobernada por un centro nervioso llamado el plexo solar, el cual tiene una estrecha relación con el centro de pensamiento en la cabeza. Si los pensamientos son activamente inarmónicos, el proceso ordenado de la digestión se altera. El remedio espiritual radica en crear un estado mental confiado y pacífico. Come con calma y saca los problemas mundanos de tu mente.

Algunas personas tiene el hábito de decir que ciertas comidas les caen mal. La verdad es que frecuentemente ellas mentalmente se predisponen con dichas comidas y, como consecuencia, las comidas les caen mal. Ellos deben pensar en que sus comidas son buenas y nutren sus cuerpos, y comer de lo que ofrece la tierra con agradecimiento y sin miedo. La comida buena no afecta al estómago, pero los pensamientos desfavorables y adversos sí.

Un remedio bueno para el estómago es ver el lado positivo de todas las cosas. Sin importar los errores aparentes, haz que tus pensamientos y palabras expresen alabanza y gozo. Cuando endulces todas las funciones de tu cuerpo con gozo y alabanza, habrás cambiado la química de todo tu organismo.

El centro nervioso a través del cual se llevan a cabo las funciones eliminadoras que dirigen la limpieza de los intestinos se encuentra en la parte inferior de los mismos. Este centro es bien sensible a los pensamientos que tengamos acerca de substancias y todas las cosas materiales. El agarrarse mentalmente a las cosas materiales puede causar estreñimiento. Relajarse mentalmente y dejar ir la preocupación por las posesiones materiales ayudará al sistema de eliminación.

El orden de la armonía

Los pensamientos pueden producir congestionamiento en el cuerpo e interferir con el proceso de eliminación. El remedio es relajarse, dejar ir. Debes darle tiempo a las palabras de la Verdad que has afirmado para que hagan su trabajo en el subconsciente. Debemos ser libres para expresar el poder y la sabiduría del Espíritu. El pasar de lo viejo y el llegar de lo nuevo son el resultado de la ley en acción, y debemos ayudar para que esos cambios surjan. Deja ir la preocupación, la duda y el temor. El poder curador está activo en todo tu ser, con todos sus efectos limpiadores y purificadores. Trabaja con él y no en su contra.

Los nervios, siendo una manifestación de la mente, responden a los pensamientos. Por consiguiente, para que los nervios permanezcan fuertes y en paz, los pensamientos que tengamos deben ser armoniosos, amables y verdaderos. Los dolores de cabeza usualmente indican que uno de los órganos no está funcionando bien o que los nervios necesitan más salud y armonía. La cabeza sufre en conjunto con los otros órganos que están fuera de orden. Afirma vida, amor, paz y salud en cada parte de tu cuerpo. Niega la tensión; relájate.

Pensamientos de preocupación o ansiedad congestionan la cabeza. Para curar un resfriado, relájate y afirma armonía en todo el cuerpo. Quítale el poder al pensamiento humano que haya interferido con el orden perfecto del cuerpo. Niega el pensamiento de que vas a agarrar un resfriado; expresa perfección en todas las partes de tu cuerpo. No pienses demasiado en cosas materiales. Céntrate en la verdad, pero no enfoques todos tus pensamientos en la cabeza. Está consciente del poder revitalizador del Espíritu en todo tu cuerpo.

Perseverancia

Para curar el corazón, se necesita más amor e integridad mental y menos temor. Para eliminar el temor, debemos establecer pureza en el corazón y avivar el amor divino en la conciencia. El ser "puros de corazón" significa tener un propósito, una meta. Ese propósito debe ser darle a Dios el lugar principal en tu vida y expresarlo a El siempre. Esta perseverancia hará que cada parte de tu cuerpo se sane, y el corazón llevará la curación a cada función del cuerpo.

Inmoderación

La falta de control al beber y comer tiene una causa

más profunda que el apetito. Es evidencia de que el alma desea algo; el deseo externo indica la falta interna. El reconocer esta necesidad verdadera y afirmar la substancia satisfaciente del amor de Dios reduce este deseo externo. Al afirmar vida y amor lo cual estimula la esencia de vida en el cuerpo, se acaba el deseo de estimulantes externos.

Existe la tendencia a engordar cuando comenzamos a demostrar prosperidad, especialmente cuando ésta está ligada a la acumulación de objetos materiales; esto indica que estamos pensando mucho en obtener y muy poco en dar. Para sanar esta condición, establece un balance al dar y recibir. Niega la acumulación; afirma el fluir libre del bien de Dios a través de ti. Niega la creencia en cosas materiales; afirma la substancia espiritual y verdadera.

Una vida justa y libre

El hígado parece estar ligado a la discriminación mental. El juzgar duramente a otros, con frecuencia resulta en enfermedades del hígado. La condenación, de cualquier forma, retarda la libertad de la acción. Cuando nos sentimos culpables y nos condenamos, las energías naturales de la mente se debilitan y todo el cuerpo se vuelve inerte. Afirma la justicia universal del espíritu. No podemos siempre darnos cuenta de su actividad, pero elimina toda injusticia si creemos en ella y la afirmamos.

La fortaleza y pureza son pensamientos básicos en el establecimiento de salud en los riñones.

Para curar la anemia, la cual es una deficiencia en la sangre, se necesita tener una mayor conciencia de la fortaleza y substancia de la vida. Afirma vida.

Para curar la presión arterial, deja ir toda tensión. Relájate conscientemente. Cura las coyunturas tensas liberando toda la tensión que puedas tener en los nervios, músculos y tendones.

Para curar cortadas, golpes o quemaduras, primero vuélvete consciente de la omnipresencia del Espíritu, de la plenitud, salud, paz y armonía. Afirma el libre fluir del amor y la vida de Cristo en tu cuerpo.

El Amor suaviza y cura

El amor suavizará y curará cualquier condición en la mente o el cuerpo, como el endurecimiento de las arterias o la artritis. El amor de Jesucristo cura al liberar la mente de las preocupaciones, los temores y los otros errores que puedan impedir la digestión, asimilación o eliminación. Afirma pensamientos de amor y bien por toda persona y cosa. Llénate de amor hasta que se desborde.

Visión de la Verdad

Los ojos representan la capacidad que tiene la mente de percibir. Son los órganos físicos los que demuestran la capacidad de discernir mental, física y espiritualmente. Ver es un proceso mental, y los ojos son el instrumento que registra lo que la mente ha sido entrenada a pensar y percibir. Cuando nuestros procesos mentales se encuentran perfecta y armoniosamente de acuerdo con las ideas de la Mente Divina, nuestra vista es perfecta y nuestros ojos funcionan perfectamente sin que nada interfiera.

Para curar los ojos, declara que tu percepción de la Verdad espiritual es clara y fuerte y que tu fe permanece en el poder de lo que es invisible y amorfo. Afirma a Dios como el poder discerniente en tu vida. Ten conciencia de que la vista no es una cuestión material sino espiritual. Para curar astigmatismo, miopía o hipermetropía, mantén tus ideas de un modo correcto. Enfoca correctamente tu visión interna en la Verdad y tus ojos responderán.

Receptivos al Espíritu

Los oídos representan la capacidad receptiva de la mente. Son el instrumento a través del cual recibimos instrucciones de la mente de Dios. Sólo cuando la persona está receptiva a la voz interna y está dispuesta a ser guiada por la voz de su sentido del oído, éste se eleva a un plano espiritual en el cual Dios está a cargo. El oír internamente la voz callada y apacible con la mente dedicada a obedecer entrena los oídos a cumplir su verdadera función. Para curar los oídos, la mente debe recibir la Verdad. El hombre oye con su mente, no con sus oídos. Si su mente está ocupada con pensamientos preconcebidos, será lento para percibir las ideas dadas por su ser interno más elevado o por otras personas. Afirma receptividad; niega el deseo personal y la opinión intransigente. Practica escuchar internamente.

La nariz representa la capacidad mental de detectar e iniciar. La lengua representa la capacidad de la mente de juzgar y sirve para elegir lo que es apropiado y correcto para ser ingerido por el organismo. Los sentidos representan la capacidad de amar. La intuición es la capacidad de conocer.

Todos los sentidos han sido creados para que la mente sea capaz de funcionar y encontrar aquello que es beneficioso para el alma y el cuerpo, y para guiar el cuerpo a lograrlo. La mente que está a tono con el ser verdadero, su propio Cristo, usa constantemente sus herramientas físicas —los sentidos— para nutrir, guiar y proteger el cuerpo-templo.

Preguntas de ayuda

1. ¿Cuál es el propósito de todos los tratamientos para la curación?
2. ¿Por qué es importante mantener pensamientos armoniosos?
3. ¿Qué significa ser "puros de corazón"?
4. Explica cuál es el significado de discriminación mental.
5. "El hombre oye con la mente, no con sus oídos". Explica.

Notas personales

13

Dos testimonios de curación

La manifestación de un cuerpo perfecto está al alcance de cada ser humano. Curaciones que asombran y desconciertan a los doctores ocurren diariamente gracias al poder y la fortaleza de las personas que saben que Dios es la fuente de su salud perfecta. Charles y Myrtle Fillmore, cofundadores del movimiento de Unity, estaban muy conscientes de la perfección innata de sus propios cuerpos, y del poder ilimitado que poseían para hacer que se manifestara la perfección. Charles, con sus propias palabras les contará la historia: "Puedo testificar acerca de mi propia curación de tuberculosis en la cadera. Cuando tenía diez años desarrollé lo que al principio se pensó que era reumatismo, y que luego se convirtió en un caso bastante serio de una enfermedad en la cadera. Estuve en cama por más de un año, y desde ese momento me convertí en un inválido sufriendo de dolor constante por veinticinco años, o hasta que comencé a aplicar la ley divina. Dos abscesos tuberculosos grandes se desarrollaron en el hueso de la cadera, los cuales, decían los doctores, consumirían mi vida. Pero me las arreglé para poder moverme con muletas, usando un soporte de cuatro pulgadas hecho de corcho y acero en la pierna derecha. El hueso de la cadera estaba fuera de sitio y sin movimiento. La pierna estaba consumida y había dejado de crecer. Todo el lado derecho se afectó: mi oído derecho estaba sordo y mi ojo derecho era débil. Desde la cadera hasta la rodilla la piel tenía poca sensación. Cuando comencé a aplicar el tratamiento espiritual, hubo un largo período de poca respuesta en la pierna, pero me sentía mejor, y encontré que podía oír con el oído derecho. Luego noté que tenía más sensación en la pierna. Al pasar los años, comencé a tener flexibilidad en las coyunturas, y la pierna derecha se recuperó hasta ser casi del tamaño de la otra. Entonces deseché el soporte de corcho y acero y comencé a usar un zapato con un soporte de sólo una pulgada. Ahora la pierna es casi del mismo tamaño que la otra, los músculos se recuperaron, y aunque el hueso de la cadera todavía no se encuentra en su sitio, estoy seguro de que pronto lo estará y que gozaré de perfecta salud...."

Myrtle describió su curación de este modo:

"Hace algún tiempo yo era una mujer pequeña y delgada, a quien familiares y doctores habían marcado "T.B." (tuberculosa). Y éste era sólo uno de los padecimientos —había otros, los cuales habían sido catalogados como incurables a menos que se hiciera una operación. También había problemas familiares. Eramos un grupo de enfermos, y habíamos llegado al punto donde no éramos capaces de proveer para nuestros hijos. A pesar de todos los problemas, seguíamos buscando la manera de salir de ellos, la cual pensamos nos sería revelada. ¡Y lo fue! La luz de Dios nos reveló —el pensamiento me vino primero a mí— que la vida es de Dios, que éramos inseparables uno con "la Fuente", y que heredábamos del Padre divino y perfecto. El impacto que esa revelación tuvo en mí al principio no fue evidente para los sentidos. Pero mantuve mi mente por encima de la negación, y comencé a reclamar mi derecho de nacimiento y a actuar creyendo que era una hija de Dios, llena de Su vida. Lo logré. Y otros vieron que había algo nuevo en mí. Supe que Dios, a quien podía llamar Padre, no crearía a sus hijos imperfectos. Al pensar en ello, comencé a darme cuenta de que era realmente una hija de Dios, y que por consiguiente heredaba de El. Entonces... vi que la vida que está en nosotros es la vida de Dios. Por lo tanto, razoné, el plan de Dios debe ser parte inherente de la mente del ser humano...Comencé a vivir con Dios, y a hablar con El...

Dios me reveló que mi cuerpo era inteligente; que al guiarlo y elogiarlo, él respondería....El me daba Su vida, substancia e inteligencia, y yo debía usarlas, más libremente aun de como había usado las bendiciones que mi padre terrenal me había dado.

Le dije a la vida en mi hígado que no estaba adormecida o inerte, sino llena de vigor y energía. Le dije a la vida en mi abdomen que no estaba infectada con ideas ignorantes de enfermedad, las cuales habían sido puestas allí por mí misma y los doctores, sino que estaba lleno de la energía dulce, pura y completa de Dios. Le dije a mis extremidades que eran activas y fuertes. Le dije a mis ojos que no veían por sí mismos sino que expresaban la vista del Espíritu, y que recurrían a una fuente ilimitada. Les dije que eran ojos jóvenes, claros y brillantes, ya que la luz de Dios brillaba a través de ellos. Le dije a mi corazón que el amor puro de Jesucristo fluía con cada latido y que todo el mundo sentía sus gozosos latidos.

Me dirigí a todos los centros de vida de mi cuerpo y les hablé palabras de Verdad —palabras de fortaleza y poder. Les pedí perdón por haber sido tonta e ignorante en el pasado, cuando los condené y los llamé débiles, ineficientes y enfermos. No me desalenté cuando pensaba que eran lentos para reaccionar, sino que continué, callada y audiblemente, declarando palabras de Verdad, hasta que los órganos respondieron. Tampoco olvidé decirles que eran libres e ilimitados en Espíritu. Les dije... que no eran carne que podía ser corrompida, sino centros de la vida y energía omnipresente..

Prometí (al Padre) que nunca más impediría el fluir libre de la vida a través de mi mente y cuerpo con palabras o pensamientos falsos; que siempre bendeciría las partes de mi cuerpo con pensamientos y palabras que alentaran su trabajo sabio de construir mi cuerpo-templo; que usaría diligencia y sabiduría al decirle lo que deseo que haga.

También vi que usaba la vida del Padre al pensar y hablar, y tuve cuidado en lo que pensaba y hablaba.

No permití ninguna preocupación ni ningún pensamiento ansioso en mi mente, y dejé de pronunciar palabras chismosas, frívolas, mal humoradas o llenas de rabia.

Te preguntas qué me restauró la salud y el vigor. Fue un cambio, de la mente vieja y carnal, la cual creía en enfermedades, a la Mente de Cristo, de vida y salud permanente. "Transformaos por medio de la renovación de vuestro entendimiento" (Ro. 12:2). "Porque cual es su pensamiento en su corazón, tal es él" (Pr. 23:7). Apliqué las leyes espirituales eficientemente, bendiciendo mi cuerpo-templo hasta que manifestó su salud innata de Espíritu. Estas leyes maravillosas trabajarán para ti también cuando las apliques con diligencia y fe".

Bibliografía

Butterworth, Eric *La vida es para vivirla**

Cady, H. Emilie *Dios, una ayuda actual**

Cady, H. Emilie *Lecciones acerca de la verdad*

Fillmore, Charles *El poder mental que quiebra átomos**

Fillmore, Charles *Curación cristiana*

Fillmore, Charles *La dinámica de vivir**

Fillmore, Charles *Jesucristo sana*

Fillmore, Charles *Los doce poderes del hombre*

Fillmore, Charles & Cora *Enséñanos a orar*

Fillmore, Cora Dedrick *Cristo entronizado en el hombre***

Fillmore, Lowell *Salud, riqueza y felicidad**

Fillmore, Lowell *Lo que se debe recordar**

*Las cartas de curación de Myrtle Fillmore**

Fillmore, Myrtle *Cómo dejar que Dios te ayude***

Lynch, Richard *Salud y curación espiritual**

Lynch, Richard *Conócete**

MacDougall, Mary Katherine *Sé Sano . . . ¡Ahora!*

Schobert, Theodosia DeWitt *Remedios divinos**

Shanklin, Imelda *Estudios escogidos**

Smock, Martha *A mitad de camino en la montaña**

Smock, Martha *Encuéntralo con fe**

Whitney, Frank B. *Ten buen valor**

Whitney, Frank B. *Más poderoso que la circunstancia**

Wilson, Ernest C. *El surgimiento del ser espiritual**

Wilson, Ernest C. *El Gran Médico***

*Editado sólo en inglés

**Edición agotada

Printed U. S. A.   285-5341-6M-3-94